길
위의
철학자

길 위의 철학자

ERIC HOFFER

에릭 호퍼 지음 · 방대수 옮김

이다미디어

젬마에게
To Gemma

떠돌이 철학자의
인간과 세계에 대한 통찰

I

신천지를 개척하고, 새로운 것을 기도하고, 새로운 형식을 만들어내
는 것은 패배자들인 경우가 많다.

It is often failure who is the pioneer in new lands, new
undertakings, and new forms of expression.

에릭 호퍼(1902~1983) 자서전 『에릭 호퍼, 길 위의 철학자*Truth
Imagined*』(1983)의 내용에서 볼 수 있듯이, 그는 엘센트로의 떠돌
이 노동자 임시수용소 생활 중 떠돌이와 개척자 사이의 친족적 유사
성과 약자의 특이한 역할에 대해 사색했고, 훗날 이런 아포리즘으로

결론지었다.

그의 아포리즘은 어느 것 하나, 자신의 표현처럼 "머리를 아래로 하고 엉덩이를 위로한 사유 자세"에서 출발하지 않은 것이 없다. 그래서 떠돌이 노동자, 레스토랑 웨이터 보조, 사금채취공, 부두노동자를 전전하면서 독학으로 자신의 철학세계를 구축해간 삶을 담고 있는 호퍼의 자서전은 패배자의 값진 기록인 셈이다.

2003년 처음 호퍼의 자서전을 번역 출간한 이래, 호퍼는 지난 10년간 꾸준히 우리나라 독자들의 사랑을 받아왔고, 이후 『맹신자들』(궁리, 2011)을 비롯해 『부두에서 일하며 사색하며』, 『우리 시대를 살아가며』, 『시작과 변화를 바라보며』(동녘, 2012)가 각각 출간되며 가히 호퍼의 붐을 일으켰다.

이번에 호퍼의 아포리즘 모음집 『영혼의 연금술 *The passionate state of mind*』, 『인간의 조건 *Reflections on the human condition*』의 출간에 맞춰, 자서전 『에릭 호퍼, 길 위의 철학자』의 개정판을 내면서 옮긴이의 말에 약간의 첨삭을 하기로 했다.

호퍼는 미국 사상가이자 저술가이다. 그는 미국에서 '독학한 부두노동자-철학자', '사회철학자', '프롤레타리아 철학자' 등으로 일컬어지며 1960년대부터 30년간 미국 사회에 큰 반향을 불러일으켰다. 한국에서는 1976년에 그의 처녀작 『The True Believer』가 『대중운동론』(대한기독교서회)으로 처음 소개되었고, 1991년 재발간되었지만 별 반향을 불러일으키지는 못했다. 그러다 2003년 호퍼의 유작이자 자서전인 『Truth Imagined』가 『에릭 호퍼, 길 위의 철학자』로 출간되고서 국내 독자들로부터 큰 관심을 끌게 되었다.

Ⅱ

미국의 인문학적 전통이 빈약하다는 것은 50년대 인기 명랑소설 『알개전』 정도를 겨우 넘어선 마크 트웨인의 『허클베리 핀의 모험』이 미국 문학사에서 차지하는 비중에서 잘 드러난다. 미국 이민자들이 대서양을 건너오면서 유럽 역사의 부담을 털어 버리고 왔다면 유럽의 인문학적 전통 또한 신생 미국 문화에 뿌리내리기 어려웠을 것이다. 인문학은 역사로부터 오는 고통에 맞서 싸우는 과정에서 형성되는 것이기 때문이다.

미국에서 진보적 문화운동이 맞이했던 상황에는 그런 특수성이 작용하고 있었다. 대공황이라는 역사상 초유의 재앙을 맞아서도 유럽과 미국은 대응 양상이 달랐다. 유럽에서는 파시즘과 스탈린주의라는 극단적인 형태의 대응이 나온 반면, 미국에서는 케인스 경제학과 뉴딜 정책이라는 묘안이 나왔다.

1951년 에릭 호퍼의 첫 저서 『맹신자들The True Believer: Thoughts on the Nature of Mass Movements』이 나왔을 때 유럽

의 인문학적 전통에서 보자면 프롤레타리아 철학자의 출현을 기대할 만했다. 그러나 세계를 거의 파괴할 뻔했던 광란의 숨은 원인들을 조명하는 호퍼의 통찰은 떠돌이 노동자다운 민간의 예지에서 시작된다.

인간이 스스로 어떤 것을 만들어 낼 수 있는 재능을 갖고 있지 못할 경우, 자유는 성가신 부담이 된다. … 우리는 개인적인 책임을 회피하기 위해 젊은 나치의 말 그대로 '자유로부터 자유롭기 위해' 대중운동에 가담한다. 자신들이 저지른 극악한 행위에 대해 나치의 말단 병사들이 자신들은 죄가 없다고 주장한 것은 결코 거짓이 아니다. 명령에 따른 책임을 져야 했을 때 그들은 자신들은 속았고 무죄라고 생각했다. 그들은 책임으로부터 자유롭기 위해 나치 운동에 가담하지 않았던가?

Unless a man has the talents to make something of himself, freedom is an irksome burden.… We join a mass movement to escape from individual responsibility, or, in the words of an ardent young Nazi, 'to be free from freedom'. It was not sheer hypocrisy when the rank-and-file Nazis declared themselves not guilty of all the enormities they had committed. They considered themselves cheated and maligned when made to shoulder responsibility for obeying orders. Had they not

joined the Nazi movement in order to be free from
responsibility?

　인간은 자신의 우월성을 주장할 근거가 약할수록 자신의 국가나 종
교, 인종의 우월성을 내세우게 된다.
　The less justified a man is in claiming excellence for
his own self, the more ready he is to claim all excel-
lence for his nation, his religion, his race or his holy
cause.

　대중운동의 맹신자는 죄의식, 실패, 자기혐오에 사로잡힌 좌절한
자로, 미래의 어떤 목표를 지향하는 동기에 자신의 아이덴티티를 묻
어 버리게 된다. 자신의 무의미한 생에 의미를 부여해 줄 것으로 여
겨지는 운동에 열광적으로 투신하는 것이다. 호퍼의 저술들은 그런
좌절한 이들에 관한 심리학이다.
　전통적으로 민중들은 강압적인 유토피안들이 저지른 재앙적 해
악에 대해서는 쉽게 관용을 보여 왔다. 그들의 의도는 올바른 것이
었다고 느꼈기 때문이다. 스탈린주의로 끝난 사회주의에 대해서도
그 동기는 고상했음을 인정하는 것이 보통이다. 그러나 호퍼는 그러
한 신화를 깨부수고 그들은 자신과의 평화를 구하기보다는 타인들
을 파괴하려는 욕망에 이끌린 것으로 본다. 그런 논리는 스탈린주의

나 나치즘에 대해서뿐 아니라 프랑스 혁명에도 일부 적용된다.

프랑스 혁명의 이상은 자유보다는 평등 쪽이었거나 최소한 그 둘에 동등한 비중을 두었다. 그러나 역사는 그 두 이상이 양립할 수 없으며, 평등은 정부의 힘에 의해서만 부과될 수 있음을 보여 주었다. 따라서 프랑스 혁명은 공포정치로 끝날 운명을 피할 수 없었다.

그런 주제는 호퍼의 저작 전체를 차지하는 것으로, 이 책은 떠돌이 노동자와 레스토랑 보조 웨이터, 사금채취공, 부두노동자로 전전하면서 그가 그 주제를 천착했던 여정을 기록한 것이다.

오늘날 철학의 주제는 이미 인간이 아니다. 특히 신화와 이데올로기를 철저히 배제하고 과학적 엄밀성을 추구한다는 논리실증주의가 철학의 주류가 되고 있는 미국에서는 특히 더 그러하다. 인간과 세계에 대한 통찰이 언어에 대한 분석으로 치환될 수 있다는 생각의 밑바탕에는 인간이란 통제, 관리되는 객체라는 전제가 깔려 있다. 신화와 이데올로기가 배제된 인간의 생이란 컴퓨터의 시스템 공학에 의해 지배되는 소외된 노동의 세계일 것이다. 논리실증주의의 과학적 엄밀성이라는 것이 인간과 세계를 더욱 황폐하고 살벌하게 만드는 또 다른 형태의 신화와 이데올로기가 되고 있는 것은 미국의 현실에서 목격되고 있다. 그런 점에서 호퍼의 소박한 인간 철학은 성경의 잠언으로까지 맥락이 닿아 있는 보기 드문 사례이다.

아포리즘은 에세이와 더불어 거대 담론에 대한 불신에서 나온 형식이라고 할 수 있다. 니체의 경우 무정부주의적인 해체를 수행하기 위한 효과적인 전략이지만 발터 벤야민의 경우는 사회주의적 이상이 허물어진 이후 고전과 유년기의 회상에서 구원의 실마리를 건지기 위한 애처로운 몸짓이다. 비트겐슈타인의 경우, 언어의 감옥에 갇혀 새로운 언어의 창조를 꿈꾸지만, 그 새로운 언어 역시 새로운 감옥이 되는 역설을 무거운 마음으로 내다보는 숙연함이 담겨 있다.

호퍼의 저서 대부분이 아포리즘 형식으로 되어 있지만, 이 자서전에 담긴 27개의 에피소드 하나하나가 모두 아포리즘으로 받아들여지는 것들이다. 여인숙 거리에서, 달리는 화물차 위에서 하루의 품삯을 쫓아다니는 군상들의 갖가지 사건들이 가슴에 와 닿는 것은 그것이 인간과 세계를 비춰 주는 거울이 되고 있기 때문일 것이다.

Ⅲ

에릭 호퍼의 세계에 대한 독자의 폭넓은 이해를 위해 원저서 『Truth Imagined』에 에릭 호퍼의 생애, 셰일러 K. 존슨의 호퍼에 대한 회상, 인터뷰 기사 「Eric Hoffer at Seventy-Two」를 덧붙였고, 그의 정신세계를 엿볼 수 있는 그의 아포리즘 몇 편과 생전 사진을 곁들였다. 그리고 많은 인터넷 사이트에서 그의 아포리즘 라이브러리를 개설하고 있어, 호퍼의 생애를 재구성하고 아포리즘을 인용하는 데 도움을 받았다.

저자 특유의 드라이한 표현 어법, 그리고 저자의 그러한 언어 세계에 갇혀 거칠고 투박하게 전달한 역자의 한계에 윤활유를 부어 문장을 매끄럽게 다듬어 준 이다미디어 편집진에게 감사한다.

2014년 새해를 열며

방대수

차례

실명, 어머니 그리고 아버지의 죽음

어린 시절의 기억을 떠올리며

　이상하리만치 내 어린 시절의 기억은 아주 희미하다.

　나는 일곱 살 때 시력을 잃었다. 그것은 다섯 살 때 어머니와 내가 계단에서 떨어진 사고 때문이었는데, 어머니는 결국 회복되지 못하고 2년 뒤에 돌아가셨다. 나는 앞을 보지 못하게 된 이후 뒤이어 기억마저 잃어버렸다. 언젠가 아버지가 나를 보고 "백치 자식"이라고 하는 말을 들은 적이 있다.

　어머니에 대해 내가 기억하고 있는 것은 체구가 작고 늘 불안해하던 분이라는 것이 전부이다. 다섯 살이나 된 아들을 팔에 안고 다니셨던 것을 보면 나를 무척 사랑하신 게 분명하다. 나는 한밤중에 잠에서 깨어났을 때 나의 등을 어루만져 주던 어머니의 손길을 느낄 때가 많았다.

내 어린 시절에 대한 기억은 거의 다 잃어버렸지만 다행스럽게도 생생한 기억이 몇 가지 남아 있다. 그 가운데 하나는 어린 내가 가만히 있지 않을 때 어머니나 마르타^{Martha}가 나를 벽장의 서가에 붙어 있는 테이블 위에 올려놓았던 것이다. 아버지는 독학한 가구 제조공이었는데, 영어와 독일어로 된 철학, 수학, 식물학, 화학, 음악, 여행 분야의 책을 100권 정도 가지고 있었다. 나는 그 책들을 크기와 두께, 표지 색깔 별로 분류하는 일에 흠뻑 빠져들곤 했다. 또한 영어 책과 독일어 책을 익숙하게 구별하기도 했다. 나중에는 내용에 따라 책들을 분류할 수 있게 되었고, 그래서 다섯 살이 채 되기도 전에 영어와 독일어를 익히게 되었다. 그렇게 분류하는 일에 열중한 결과, 내가 사색하고 글쓰기를 시작했을 때에도 여전히 사실들과 인상들을 분류하고 그것을 대조하는 일을 계속하고 있음을 알게 되었다.

또 다른 생생한 기억 하나는 아홉 살 때 베토벤의 교향곡 제9번을 들었던 일이다. 그날 아버지는 나를 택시에 태워 뉴욕의 콘서트 홀로 데려갔다. 평상시에는 차분했던 아버지가 이날만은 이상하게도 들떠 있었다. 아버지는 음악을 사랑했고, 우리가 들으려 했던 베토벤에 대해서도 잘 알고 있었다. 아버지는 내게 "베토벤이 귀가 멀었을 때 작곡한 교향곡 제9번은 천상의 멜로디로 된 태피스트리^{tapestry}"라고 이야기를 해 주었다. 특히 제3악장은 숭고하다고 하면서 그중 일부를 콧노래로 부르기도 했다. 콘서트가 얼마나 오래 걸렸는지는 기억에 없다. 제9번 제3악장이 연주될 때 아버지는 내 팔을 움켜잡았고, 나는 날개라도 달고 하늘로 날아오르는 듯한 기분이 들었다.

훗날 내가 다시 시력을 회복하고 세상 밖으로 나왔을 때, 외롭고 버림받은 기분이 들 적마다 제3악장을 콧노래로 부르는 나 자신을 발견하곤 했다. 1941년 마침내 샌프란시스코에 정착했을 때 내가 제일 먼저 한 일은 축음기와 교향곡 제9번이 담긴 레코드 몇 장을 산 것이었다. 그러나 그 레코드 가운데 어느 것도 내가 기억하고 있는 제3악장을 제대로 연주해 내지 못했다. 너무 빠르고 성의가 담기지 않아서 그 애끓는 슬픔이 제대로 전해 오지 않았다.

열다섯 살 때 나는 시력을 되찾았다. 돌연한 시력의 상실과 회복에 나는 별 어려움 없이 익숙해질 수 있었다. 마르타는 농담처럼 "호퍼 집안 사람들은 어떻게든 살아남는 것 자체가 기적"이라고 했다. 우리 집안에서는 어느 누구도 50세를 넘긴 이가 없었다.

"에릭, 앞날에 대해 안달하지 마라. 넌 마흔 살밖에 살지 못할 거야."

그 말은 내 가슴속에 뿌리를 내렸고, 내가 몇 년 동안 노동자로 철따라 떠돌면서도 마음 편하게 살 수 있게 하는 데 바탕이 되어 주었다. 나는 삶을 여행객처럼 살아왔다.

마르타가 우리 가족과 어떤 관계를 맺고 있었는지에 대해 알고 싶어 하는 마음이 없었다는 것도 희한한 일이다. 그녀는 친척이었을까, 가정부였을까? 나는 그녀의 따뜻한 보살핌 속에 묻혀 살았다. 그녀는 나에게 말하는 법을 가르쳤고, 내가 한 말은 모두 기억하고 있는 것 같았다. 그녀에 대한 내 기억은 주로 감촉과 냄새이다. 그녀의 큰 체구에서 풍기는 향기는 아직 내 콧속을 맴돌고 있고, 젖꼭지가 손가락의 한 마디만큼이나 큰 그녀의 단단한 젖가슴의 형상도 아직 뇌리에 남아 있다. 그녀는 내가 영어권 나라에서 고립되는 것을 막기 위해 고집스레 엉터리 영어를 사용했다. 나는 그녀의 억양을 그대로 물려받았다. 두통이 심할 때 그녀는 나를 팔에 안고 얼굴에 입술을 부비면서 콧노래로 자장가를 불러 주었다. 그러나 시력을 되찾게 되자 그 친밀한 관계도 끝이 났다. 그리고 그에 따른 나의 상실감은 독서에 몰두하는 것으로 보상되었다.

앞에서 말했듯이 나는 다섯 살이 되기 전에 읽는 법을 배웠다. 시력이 돌아오자 나는 거침없이 읽을 수 있었다. 시력의 회복이 일시적인 것이라고 확신했기 때문에, 눈을 혹사시키는 것에 대해 전혀 신경 쓰지 않았다. 다시 눈이 멀기 전에 읽을 수 있는 모든 것을 읽고 싶었던 것이다. 집에서 멀지 않은 큰길 아래에 헌책방이 하나 있었다. 어느 날 그 조그만 가게에 들어갔을 때 내 눈에 처음 들어온 것은 금박을 입힌 '백치'라는 글자였다. 그 글자는 위쪽 서가에서 내게로 돌진해 왔다. 아버지가 나를 두고 "백치 아이"라고 한 말이 나로 하여금 그 글자에 혹하게 했던 것이다. 내 손에 들린 그 책은 바로 도스토옙스키^{Dostoevskii}의 『백치*The Idiot*』였다. 그 후 나는 해마다 그 책을 다시 읽었다. 첫장의 스토리 전개는 어느 누구도 따라올 수 없는 것이었다. 그 책방에는 스칸디나비아어와 독일어 책의 번역판도 많이 있었다.

아버지는 마흔 살도 넘기지 못하고 1920년에 돌아가셨다. 마르타도 전쟁이 끝나자 바로 독일로 돌아갔다. 내가 시력을 되찾은 이후에 펼쳐진 그녀의 삶은 행복하지 못했다. 그녀에게서 편지가 왔었는지 기억이 나지 않는다. 아버지는 가구 제조공 조합원이었는데, 그곳 조합원들은 아버지의 장례를 치러 주고 내게 300달러를 주었다. 나는 캘리포니아에 가기로 결심했다. 그곳은 노숙할 수 있을 정도로 날씨가 온화했고, 길가에는 오렌지가 열려 있는 곳이기 때문이었다. 나는 1920년 4월에 로스앤젤레스에 도착했다.

빈민가로 떨어지다

굶주림 속에서 처음으로 자유를 느끼다

　나는 세상에서 혼자 몸이었지만 두려운 것은 없었다. 생계비를 버
는 방법 따위는 전혀 몰랐고, 300달러가 다 떨어지고 난 뒤에 벌어
질 일에 대해서는 걱정조차 하지 않았다. 로스앤젤레스의 시립도서
관 근처에 싸구려 방을 하나 빌리고는 한눈팔지 않고 독서로 시간을
보냈다. 그 도시를 돌아다녀 볼 생각은 없었다. 돈이 별로 안 드는
생활이었다. 가져온 돈이 다 떨어졌을 때 헐값에 가죽 재킷 같은 옷
을 처분했지만 마침내 굶주림이라는 미스터리한 것에 직면하게 되
었다. 먹지 못할 때 사람에게는 무슨 일이 벌어질까? 나는 굶으면
사람이 죽는다는 것을 알고 있었다. 먹지 않고 얼마나 버틸 수 있을

24

까? 죽음이 기다리고 있을까? 굶은 지 사흘째 되던 날에는 마치 누가 손으로 내 위를 쥐어짜면서 가슴 쪽으로 밀어붙이는 것 같았다. 물을 마셨을 때에는 벌에 쏘인 것처럼 바깥쪽 머리가 따끔거렸다. 아직은 내 방이 있었고, 나는 저녁마다 목욕을 했다. 내 몸에 대해 연민의 감정을 가지고 있었기 때문에 나는 항상 몸을 깨끗하게 하는 데 신경을 썼다. 머리카락이 보통 때보다 빨리 자라는 것 같은 기분이 들었다.

나는 계속해서 걸었다. 몇 분 이상 앉아 있을 수가 없기 때문이었다. 나는 나 자신의 생각이 두려웠다. 몸에 에너지원도 없는데, 어떻게 다리가 계속 움직이고 머리카락은 왜 그렇게 빨리 자라는지 이상했다. 나는 레스토랑의 진열장에 놓인 음식으로는 눈을 돌리지 않았다. 먹는 것에 대한 환상은 없었지만 밤마다 꿈속에서 마르타가 요리해 주던 다진 고기 프라이 냄새를 맡았다.

한번은 상점의 거울에 비친 내 얼굴을 얼핏 쳐다본 적이 있었다. 불안에 일그러진 얼굴이었다. 나는 소스라치게 놀랐다. 굶주림의 미스터리에 골몰한 나머지 나 자신의 모습에 대해 생각할 겨를조차 없었던 것이다.

3일째 되던 날 저녁, 메인 스트리트의 애완동물 가게 앞에서 걸음을 멈추었다. 진열대 뒤쪽으로 몇 마리 비둘기가 담긴 새장이 보였다. 몇 마리는 흰색이었고, 몇 마리는 회색, 두 마리는 흰색에다 목 둘레에 흑갈색 테두리를 두르고 있었다. 녀석들은 색깔에 따라 무리를 짓고 있는 것 같았다. 목에 흑갈색 테두리를 두른 두 녀석은 창가 가까운 쪽에 있었다. 한 마리는 작고 다른 한 마리는 체구가 컸다. 작은 녀석이 부리를 들어 큰 녀석의 부리 속으로 밀어 넣었다. 그러고 나서 둘은 서로 부리를 꽉 문 채 머리를 양쪽으로 흔들었다. 나는 그 행동이 큰 녀석이 작은 녀석에게 먹이를 건네주는 것이라고 생각했다. 그러나 곧 생각을 바꾸었다. 눈을 반쯤 감고 초조하게 붉은 발을 구르면서 머리를 흔드는 녀석들의 동작을 통해 모든 것을 망각한 황홀경을 느낄 수 있었기 때문이다. 잠시 후 둘은 떨어지고 큰 녀석이 작은 녀석의 주위를 뽐내며 맴돌기 시작했다. 그때 나는 짝짓기 행위에 앞선 의식을 보고 있음을 깨달았다. 작은 녀석은 몸통을 부풀려 머리를 끌어들인 뒤 눈을 감고는 나무 바닥에 납작 엎드렸다. 그러자 큰 녀석이 날개를 푸드덕거리며 작은 녀석의 등을 타고 올라가 목 부분의 깃 속으로 부리를 밀어 넣었다. 뒤이어 두 몸통은 좌우 상하로 요동을 쳤다. 끝을 모르는 열정으로 충만한 분위기였다.

갑자기 나는 비둘기들을 지켜보면서 배고픈 것을 잊고 있음을 깨달았다. 그런 깨달음에 나는 경이로움을 느꼈다. 배고픔은 단지 치통 정도의 감각에 지나지 않는다는 것, 주의를 다른 곳으로 돌리면 그걸 잊을 수 있다는 것이 이상하게 여겨졌다. 갑자기 나는 몸이 가벼워짐과 동시에 자유로움을 느꼈다. 마치 악몽에서 깨어난 것 같았다. 그날 저녁에 나는 배를 채웠다. 한 레스토랑에 들어가 그릇 닦는 일을 자원하여 한 끼를 때웠던 것이다. 배고픔은 두려운 것이 될 수 없었다.

그곳에서 나보다 먼저 그릇을 닦아 왔던 고참이 그릇 다루는 방법을 가르쳐 주었고, 우리는 서로 이야기를 나누게 되었다. 그는 일자리를 구하려면 5번가 끝의 빈민가에 있는 주립 무료 직업소개소로 가라고 말해 주었다. 실업자가 많지만 나도 다른 사람만큼의 기회를 얻을 수 있을 것이라고 했다.

나는 그의 충고를 따랐다. 하룻밤 사이에 나는 온상에서 빈민가로 굴러떨어지고 말았다.

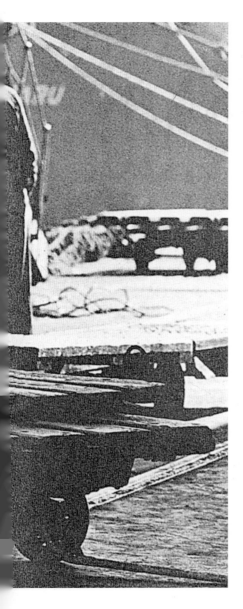

Education

The central task of education is to implant a will and facility for learning; it should produce not learned but learning people. The truly human society is a learning society, where grandparents, parents, and children are students together.

교육의 주요 역할은 배우려는 의욕과 능력을 몸에 심어 주는 데 있다. '배운 인간'이 아닌 계속 배워 나가는 인간을 배출해야 하는 것이다. 진정으로 인간적인 사회란 조부모도, 부모도, 아이도 모두 배우는 사회이다.

나 외에는 다른 누구도 원망하지 않는다

마음을 움직이는 요령을 터득하다

주립 무료 직업소개소의 홀은 차고를 급조한 곳이었다. 실업자들은 칸막이로 된 창구를 마주 보도록 배치해 놓은 여러 줄의 의자를 차지하고 있었다. 칸막이 뒤에서 전화벨이 울리면 담당자가 칸막이 밖으로 나와 확성기로 가구를 운반할 사람이나 접시 닦을 사람, 창문 닦을 사람 등을 찾았다. 숲을 이룬 손들 중에서 담당자는 하나를 골랐다. 일자리는 사람들이 희망을 가질 수 있을 정도로 계속 들어왔다. 나는 벤치의 앞줄에 자리를 잡고 있었다. 그러다가 오후에 마침내 잔디 깎는 일자리를 구할 수 있었다.

이른 아침부터 오후 늦게까지 자리를 지킨 탓에 나는 입에 풀칠하기에는 충분한 벌이를 할 수 있었다. 차츰 독서를 하고 사색할 수 있는 시간도 생겼다. 이 같은 내 생활의 변화를 말하기 이전에 먼저 설명해야 할 것이 있다. 그것은 담당자가 사람을 고르는 일에 관한 것이다. 담당자가 일자리의 종류를 불러 주는 데 몇 초가 걸리고, 다시 손을 든 사람 중에서 하나를 고르는 데 몇 초가 걸렸다. 담당자는 특정한 사람을 고르기 전에 마음속으로 어떤 것을 가늠해 볼 시간이 충분치 않음이 분명했다. 따라서 그의 마음을 움직이게 하려면 외부 세계의 어떤 작용이 필요했다. 그 어떤 것이 무엇인지를 알 수 있다면 그 담당자를 생각대로 주무를 수 있었다. 나는 여러 가지 시도를 해 보았다. 그러다가 담당자의 눈이 앞의 다섯 줄은 지나치고 여섯 번째 줄의 중간에 머무는 때가 많다는 것과 붉은 종이로 싼 책이 담당자의 주의를 끈다는 사실을 발견했다. 또 여러 가지 다른 얼굴 표정을 짓는 일도 시도해 보았다. 그리고 손을 들 때에는 세상에 아무 걱정도 없는 것처럼 보여야 한다는 것도 알았다. 명랑한 모습이 담당자의 주의를 끌었던 것이다. 그런 요령으로 나는 하루에도 일자리를 여러 번 구할 수 있는 자신이 생겼다. 안심이 되었다.

몇 년 동안은 그런 식으로 보냈다. 돈을 별로 쓰지 않고 살면서 쉬지 않고 책을 읽었다. 수학이나 화학, 물리학, 지리학 등의 대학 교재로 독학을 시작했다. 그리고 그 과정에서 기억을 돕기 위해 노트를 하는 습관이 생겼다. 나는 그림을 그리듯 글을 쓰는 일에 열중했고, 제대로 된 형용사를 찾는 데 시간을 아끼지 않았다.

또한 주변의 사람들과 이야기도 나누게 되었다. 프랭클린 루스벨트가 등장하기 이전의 미국인들은 이상하게도 자기 연민으로부터 자유로웠다. 나와 이야기를 나눈 사람들 가운데 어느 누구도 자신들의 불행을 다른 사람의 탓으로 돌리는 사람이 없었다. 그들은 자신들의 인생살이를 이야기할 때면 거의 예외 없이 "나 외에는 다른 누구도 원망하지 않는다"라는 말을 서두로 달았다. 그들 가운데에는 이민 온 사람들이 무척 많았다. 나는 그들과 이야기를 나누면서 그들의 고국에 관해 많은 것을 배울 수 있었다.

오렌지 행상을 하다

나는 죽을 때까지 계속 이런 식으로 살아가는 것이 당연하다고 생각했다. 그만큼 불만 없는 충만한 삶이었다. 그러나 내가 살고 있는 미국이라는 동네는 영속성과는 거리가 멀었다. 1920년대 후반부터 일자리 구하기가 어려워졌던 것이다. 금융 공황이 있었고, 공장에서는 노동자들을 해고했다. 나는 뭔가 새로운 것을 시도해야만 했다. 그나마 아직은 매일 아침마다 오렌지 행상을 찾는 일자리가 들어오는 것이 다행이었다. 수년 동안 그런 호출이 있었지만 나는 마음이 내킨 적이 없었다. 내가 뭘 팔 수 있다는 자신이 없었던 것이다. 그런데 이제는 관심이 갔다.

"오렌지 행상, 1달러당 25센트 배당, 매일 저녁 지불, 점심 무료 제공, 주인 없고 재량권 있음."

나는 소개소 밖으로 나가 트럭들을 살펴보았다. 사이드 커튼을 말아 올린 채 적재함에 윤기 나는 오렌지 더미를 싣고 있는 소형 트럭을 보자 곧 솔깃해졌다. 남부 억양에 키가 호리호리하고 피부색이 검은 주인은 우리를 보고 빨리 와서 한번 해 보라고 재촉했다. 땀을 흘리지 않아도 되는 손쉬운 돈벌이였다. 행상은 모두 4명이 필요했다. 나는 다른 3명과 함께 트럭에 올랐고, 주인 블래키^{Blackie}는 로스앤젤레스의 교외에 있는 웨스트우드^{Westwood}로 우리를 데려갔다. 똑같은 소형 주택이 줄줄이 늘어선 동네였다. 그는 우리에게 오렌지가 가득 담긴 양동이를 2개씩 나눠 주고는 집집마다 뒷문을 노크해 보라고 했다. 우리는 각각 주택 한 줄씩을 맡았다.

첫 번째 집에서 문이 열리고 한 중년 부인이 나와서 "네?" 하고 말했다. 나는 얼어서 입을 열 수가 없었다. 그저 양동이를 든 두 손을 내밀었을 뿐이다. 부인의 얼굴에 미소가 떠올랐다.

"들어오세요, 들어와. 두 양동이 모두 내가 사죠."

나는 허둥거리는 모습을 감추기 위해 그 집 채소 상자를 비우고 깨끗한 종이를 상자 안에 깐 다음, 단단한 것은 밑에 넣고, 익은 것은 먼저 먹을 수 있도록 위로 채워 넣었다. 블래키는 다시 양동이를 채워 주었고, 나는 다음 집으로 가서 문을 두드렸다. 문을 열어 준 부인은 싱글벙글 웃고 있었다. 그녀는 나를 기다리고 있었다. 먼저 들렀던 집의 부인이 전화를 걸어 채소 상자를 청소해 주고 그 속에 오렌지를 예술 작품처럼 채워 준 혀 군은 행상에 대해 이야기를 한 것이 분명했다. 들르는 집집마다 계속 그런 식이었다. 블래키는 아예 내 뒤를 따라다니며 "힘내, 에릭!"하며 응원을 했다. 그는 신고 온 오렌지를 나 혼자 다 팔아 치울 수 있을 것이라는 믿음을 보이기 시작했다. 굳어 있던 혀도 풀려 나는 부인들에게 엉뚱한 너스레를 떨기 시작했다. 어느 누구도 내게 거부감을 보이지 않았다. 한 부인은 내게 직접 오렌지를 재배하느냐고 물었다. 나는 상상 속의 농장과 가족 이야기를 떠벌렸다. 오후 들어 얼마 지나지 않아 오렌지는 동이 났다.

점심을 먹으려고 앉아서 돈을 셀 때 나는 깊은 회의를 느꼈다. 그것은 내가 결코 느껴 본 적이 없던 수치심이었다. 내가 스스럼없이 거짓말을 할 수 있고, 물건을 팔기 위해 무슨 일이든 할 수 있다는 것에 놀랐다. 내 경우에 장사는 타락의 근원임이 분명했다. 장사를 위해서는 거리에서 사람을 죽일 수도 있을 터였다. 나는 타락의 소지가 다분했고, 따라서 유혹에 넘어가지 않는 방법을 배워야 했다.

내가 블래키에게 다시 오지 않겠다는 이야기를 했을 때, 그는 버럭 화를 냈다.

유대인과의 만남

샤피로에게 배운 유대인의 지혜

나는 다시 소개소로 돌아왔다. 일자리는 흔치 않았지만 하루의 대부분을 소개소에 붙어 지냈기에 먹고살기에 충분한 일을 계속 구할 수 있었다. 어떤 고용주들은 성실한 일꾼이라며 일이 있을 때 연락할 수 있도록 전화번호를 알려 달라고 했다. 나는 전화가 없었기 때문에 소개소로 전화를 할 때 내 이름을 지명해 달라고 했다. 나는 안정된 일자리를 원했다. 어느 날 나는 산타페^{Santa Fe}에 있는 파이프 야적장으로 급히 불려 갔다. 그 야적장은 자영 석유업자들에게 중고 파이프를 파는 곳이었다. 주인은 샤피로^{Shapiro}라고 하는 활기찬 성격의 키 작은 사람이었다. 지금도 그렇지만 그 무렵에도 나는 인종적

배경에 대해 관심이 없었다. 흑인이나 백인, 멕시코인, 중국인은 구별할 수 있었지만 샤피로가 유대인들이 쓰는 이름이라는 것은 알지 못했다. 나는 하루 종일 나를 지켜보고 있는 샤피로의 눈길을 의식했다. 그가 퇴근이나 하라고 할지 내내 의심스러웠다. 야적장의 일은 별로 힘이 들지도 않았고 재미있기도 했다. 저녁이 되자 샤피로는 우리에게 퇴근하라고 했다. 나는 그가 내 이름을 불러 주는 데 놀랐다. "이 일이 좋은가? 먹고살 돈은 넉넉한가? 잘 먹고, 우유를 마시는 것을 빠트리면 안 되네"라고 하면서 그는 나에게 20달러를 선불로 주었다.

그것이 나의 안정된 첫 일자리였다. 나는 일하고, 책 읽고, 연구하는 일과가 좋았다. 샤피로와의 우애는 특별한 것은 아니었다. 미국에서는 상사와 고용인이 스포츠나 정치 이야기를 나눌 때 일상적으로 그런 우애를 보여 준다. 샤피로는 나와 책에 관한 이야기를 많이 했다. 그는 내가 무엇을 읽는지에 대해 관심이 많았다. 나는 그와의 대화를 통해 그가 대학 교육을 받았고 교수직을 가졌을 수도 있었지만 아저씨가 세상을 떠나면서 야적장을 물려주어 교수직 대신에 유능한 고물상이 되었다는 것을 알게 되었다. 유대인들에게 있어서 속죄의 날인 욤 키푸르Yom Kippur 때에 야적장 문을 닫는 것을 보고 나는 샤피로의 유대인 기질을 느낄 수 있었다. 나는 유대인에 관한 책을 읽기 시작했다. 샤피로가 나를 주목하는 것도 유대인 기질 때문이라는 확신이 들었다. 책을 통해 나는 유대인은 특이한 인종이라는 것을 알게 되었다. 유대인은 신을 발견했다. 그들은 역사를 통해 인구수에 걸맞지 않는 큰 역할을 해 왔다. 다른 신들과는 달리 유대의 신은 게으른 귀족이 아니라 힘든 노동을 하는 숙련공이었다. 서양은 그런 신을 숭배하고 본받으려고 노력해 왔기 때문에 기계 시대를 열수 있었다. 중국과 일본은 독창성과 뛰어난 기술에도 불구하고 기계 시대를 열지 못한 채 서양으로부터 받아들여야만 했다. 샤피로는 나의 그런 생각이 좋다며 글로 쓰기를 권했다. 나는 그가 들려주는 유대인 이야기를 좋아했다. 그는 내게 유대인이 역사가 시작될 때부터 글을 읽을 줄 아는 인종이었다는 사실을 알려 주었다. 글을 읽지 못하는 유대인은 없었다. 그런 사회에서만 예수와 사도들 같은 평범한 노동자들이 새로운 종교를 세울 수 있었다는 생각이 들었다.

고대 유대인은 인간의 얼굴에 나타나는 상형문자를 해독해 내는 능력이 뛰어났다. 인간이 행하고 생각하는 모든 것은 그의 얼굴에 각인된다. 인간의 얼굴은 자신의 모든 비밀을 드러내는 한 권의 열린 책이다. 그러나 상형문자로 쓰이기 때문에 그것을 해독할 수 있는 열쇠를 지닌 사람은 극소수이다. 나는 해가 갈수록 유대인에 대한 집착이 깊어 가고 있다는 것을 느꼈다.

샤피로는 나에게 르낭Renan●의 『이스라엘 민족사』를 읽어 보라고

● 르낭(Joseph Ernest Renan, 1823~1892): 프랑스 종교사가이자 언어학자. H. A. 텐과 더불어 프랑스 실증주의를 대표한다. 주요 저서로 『그리스도교 기원사』(전 7권, 1863~1883), 『이스라엘 민족사』(전 5권, 1887~1893), 『프랑스의 지적, 도덕적 개혁』(1871) 등이 있다. 그의 『예수의 생애』는 『그리스도교 기원사』의 제1권으로 국내외에 큰 파문을 불러일으켰다.

권했다. 5권으로 된 그 책은 구하기 어려웠는데, 마침 샤피로의 서고에 그 책이 있었다. 요즈음에는 르낭의 『이스라엘 민족사』를 읽는 사람이 거의 없다. 역사가로서의 르낭은 그리 높은 평가를 받고 있지는 않다. 그는 지나치게 심리학적으로 해석한다는 비판을 받고 있다. 사실 르낭의 『이스라엘 민족사』는 인간의 조건에 대한 빛나는 주석이라고 할 수 있다. 인간의 영혼에 대한 그의 열정적인 몰두는 그가 좋은 예언가가 될 수 있게 해 주었다. 그의 성찰은 시대를 뛰어넘어 우리 시대의 상황을 현대의 최고 사상가보다 더 정확하게 조명해 준다.

1930년 나는 28세의 나이로 접어들었다. 샤피로와는 2년 동안 같이 지냈는데, 마르타의 예언대로 내가 40세까지밖에 살지 못한다면 여생을 샤피로의 야적장에서 보내야 했으리라. 그러나 샤피로는 1930년 폐렴으로 세상을 떠났다. 그때 샤피로의 죽음은 내 운명의 정점인 것처럼 느껴졌다. 저축한 돈이 얼마간 있어서 나는 1년 동안 그 돈을 쓰면서 일을 그만두기로 했다. 1년이라는 세월은 내가 앞으로 무엇을 할 것인가를 궁리하기에 충분한 시간이었다.

성서 속에서 진실을 상상해 내다

생의 갈림길에서 다시 만난 '도스토엡스키'

　나로서는 처음 맞는 휴가였다. 월요일에 나는 업무로 황망하게 질
주하는 사람들을 비집고 거리를 거닐었다. 죄책감도 불안감도 느낄
수 없었다. 나는 개미 떼 속의 한 마리 무당벌레 같았다. '많은 것을
성취한 사람은 먼저 27세 때 자기 생의 목표를 찾아낸다'는 것을 어
디선가 읽은 기억이 떠올랐다. 다시 말하자면 27세의 시기는 위대
한 인생들에게서 매우 중요했던 1년인 셈이다. 장차 무엇을 성취해
낼 징후는 보이지 않았지만, 28세에 시간을 내어 앞으로 무엇을 할
것인지 모색해 본다는 생각에 기분이 좋았다.
　갑자기 내가 시력을 되찾았을 때 읽었던 책들을 다시 읽고 싶은

욕망이 일었다. 나는 함순^{Hamsun}*과 라게를뢰프^{Lagerlöf}**, 도스토옙스키를 다시 읽었다. 도스토옙스키의 『백치』는 거의 외울 정도였지만 그의 다른 책들은 한 번밖에 읽지 않았다. 나는 『죄와 벌』, 『카라마조프 형제』를 다시 읽고는 그사이에 내 정신이 성숙했음을 깨달았다. 처음 읽을 때는 눈여겨보지 못했던 세세한 곳에서 엄청난 희열을 느낄 수 있었다. 도스토옙스키의 작품을 처음 읽었을 때는 음울한 인상을 받았지만 다시 읽었을 때는 음울한 에피소드들에도 환희의 저류가 스며 있음을 깨닫게 되었다. 『죄와 벌』을 다시 읽으면서 막연하게나마 놀라운 구성의 예술을 의식하게 되었다. 별개의 수많은 디테일들이 하나의 기념비적인 전체로 고양되는 높은 천장의 대형 건축물 같은 세계와 살아 있는 존재를 창조해 내는 솜씨는 얼마나 놀라운가. 화려한 탐색과 서술은 별로 없다. 인물들은 자신들의 입에서 나오는 말로 생명을 얻는다. 몇 마디의 대사들이 나오면 우리 주변의 대다수 사람들보다 더 생생하게 살아 있는 인물들이 눈앞에 나타난다. 등장인물들이 우리 주변의 친지나 친구보다 더 친숙함

● 함순(Kunt Hamsun, 1859~1952): 노르웨이 작가. 본명은 크누트 페데르손(Knut Pederson)이다. 가난한 농부의 아들로 태어나 어린 시절부터 목동과 구둣방 견습공, 행상 등 갖가지 직업에 종사했다. 1890년 『굶주림』으로 주목을 받은 후, 『신비』(1892), 『목신』(1894), 『빅토리아』(1898), 『가을별 아래서』(1906), 『흙의 혜택』(1917) 등의 작품을 발표했다. 1920년 노벨문학상을 받았다.

●● 라게를뢰프(Selma Lagerlöf, 1858~1940): 스웨덴의 여류 작가. 명문 집안에서 태어나 문학을 애호하는 분위기에서 자라났으며, 집안이 어려워지자 사범학교를 졸업한 뒤 교원 생활을 하면서 창작에 몰두했다. 주요 작품으로 『에스타 베를링 이야기』(1891), 『보이지 않는 굴레』(1894), 『지주 이야기』(1900), 『예루살렘』(1902), 『닐스의 모험』(1906~1907) 등이 있다. 1909년 여성 최초로 노벨문학상을 수상했다.

을 알 수 있다. 한편 그들이 미국은 물론 러시아를 포함해 어느 곳의 사람과도 달리 기괴하고 터무니없는 존재라는 사실은 부인할 수 없다. 그러나 그들은 인간성의 본질이 집약된 존재이며, 상식적인 궤도에서 벗어나 있고, 이국적이기는 하지만 우리의 가슴과 오성에 가까운 존재들이다. 도스토옙스키의 극단적인 인물들에게는 장엄함이 있다. 그들은 우리들에게 인간의 핵심적 실체에서 나오는 파열음을 들려주고, 일상적 실존의 불가사의한 심연과 익숙한 외관 사이의 엄청난 간극을 보여 준다.

『구약성서』에 빠져들다

그 즈음에 내 마음을 사로잡고 있던 책이 있었는데, 그것은 『구약성서』였다. 『구약성서』를 알고는 있었다. 그러나 주요 인물들의 이름과 몇몇 이야기들에만 익숙했을 뿐 한 문장도 읽은 적은 없었다. 아마도 선천적으로 종교적 감성이 결여되어 있었기 때문인 것 같은데, 한편으로 모든 종교의 원천으로 알고 있었던 그 책을 손에 잡을 만한 호기심이 없던 탓도 한몫을 했다. 그런데 이제 새로운 종류의 호기심이 구약을 읽어 보라고 나를 유혹했다. 청년들이 자신들의 근육을 의식하면서 역도나 레슬링으로 자신의 힘을 시험해 보고 싶듯이, 정신이 성숙했다는 의식이 전에는 시도해 보지 않았던 과제 속으로 나를 몰고 가게 했던 것이다.

그래서 나는 끈기로 무장을 하고 지루하고 가혹할 수밖에 없는 황야를 기꺼이 통과해 보기로 했다. 그러나 첫 구절을 읽는 순간부터 급습해 오는 감동의 격류에 무방비 상태로 휘말려 들었다. 장엄하고, 생생하고, 신선한 그 지각! 소박하고 옹색하지만, 대담하게 모든 것을 감싸 안으며 진지한 호기심으로 고동치는 그 원초적 정신성은 거대한 과학적 개념의 직접성과 정확성 그리고 투과성을 지닌 나의 상상력에 불을 지폈다. 균형과 질서를 향한 그 열정! 그 대담한 정신은 지식도 도구도 없이 무수한 자연현상들의 카오스를 장악하고, 그것들을 하나의 패턴으로 서로 연관시키고, 조직하고, 배열하기 시작한다. 과학적 정신이 별들의 움직임과 눈먼 지렁이의 동작 하나에 세심한 주의를 기울이듯이, 원초적 정신은 하늘과 바다, 해, 달, 별, 사랑, 죽음, 해산의 고통, 뱀의 포복, 인간과 뱀의 적대, 노동의 필요성, 잡초와 가시의 존재, 유목민과 농경민의 적대, 무지개, 언어들의 무수함 등의 원인과 이유를 찾아 나선다. 언어들이 무수히 많은 것에 관해서는 다음과 같이 이야기한다.

온 세상이 한 가지 말을 쓰고 있었다. 물론 낱말도 같았다. 사람들은 동쪽에서 옮겨 오다가 시나르^{Shinar} 지방의 한 들판에 이르러 거기에 자리를 잡고는 의논하였다.

"어서 벽돌을 빚어 불에 단단히 구워 내자."

이리하여 사람들은 돌 대신에 벽돌을 쓰고, 회반죽 대신에 역청을 쓰게 되었다. 또 사람들은 의논하였다.

"어서 도시를 세우고 그 가운데 꼭대기가 하늘에 닿게 탑을 쌓아 우리 이름을 널리 알리자. 우리가 천지 사방으로 뿔뿔이 흩어지지 않도록."

야훼께서 하늘에서 내려오시어 사람들이 이렇게 세운 도시와 탑을 보시고 생각하셨다.

'사람들이 한 종족이라 말이 같아서 안 되겠구나. 이것은 사람들이 하려는 일의 시작에 지나지 않겠지. 앞으로 하려고만 하면 못할 일이 없겠구나. 당장 땅에 내려가서 사람들이 쓰는 말을 뒤섞어 놓아 서로 알아듣지 못하게 해야겠다.'

야훼께서는 사람들을 거기에서 온 땅으로 흩으셨다. 그리하여 사람들은 도시를 세우던 일을 그만두었다. 야훼께서 온 세상의 말을 거기에서 뒤섞어 놓아 사람들을 온 땅에 흩으셨다고 해서 그 도시의 이름을 바벨이라고 불렀다.

시들지 않는 상상력은 거칠 것 없는 경이로운 도구로서 인간 경험의 방대한 정수에 자양분을 제공한다. 『구약성서』의 모든 구절에서는 생명의 힘이 요동친다. 어느 누구도 따라갈 수 없는 이야기꾼들의 상상력이 갖는 진지한 창조성은 그들의 관찰력을 자극한다. 그들의 주의력 앞에서는 어떤 것도 사소하게 그냥 지나쳐 갈 수가 없다. 동기와 행위, 의상, 관습 등 수많은 세세한 것들이 대단히 생생하게 묘사된다. 어디에나 일상적 현실에 대한 애정이 배어 있다. 선은 악과 함께 받아들여진다. 완벽함이라는 가식적인 모습을 빌려 주며 마무리를 짓는 법이 없다. 위대한 인물들도 과오를 저지르는데, 그런 것도 성취나 미덕과 마찬가지로 생생하고 자세하게 기록된다. 그들 이야기꾼들의 상상에서 나온 진실은 진실 자체보다 더 생생하게 살아 있고, 더 진실하다.

인간의 생명을 있는 대로 모두 받아들이고 생명의 강인한 본질에 몰두하는 사회는 감상으로 흐르지 않는다. 과부와 고아를 괴롭히지 말고, 낯선 이를 구박하지 말고, 가난한 자와 도움이 필요한 자에게 박정하게 대하지 말라는 훈계에는 싸움이 나면 가난한 자를 편들지 말라는 냉정한 충고가 곁들여진다.

눈앞의 현세에 골몰했기 때문에 고대 유대인들은 내세에 대한 생각이 없었다. 어떤 은총도 지상의 생을 능가하지 못했다. 최고의 보상은 수명의 연장이었다. 미래의 생에 관한 이야기는 한 마디도 나오지 않는다.

구름이 사라져 없어지듯 지하로 내려가는 자, 어찌 다시 올라오겠습니까?(욥기 7 : 9)

사람은 누우면 일어나지 못합니다. 하늘이 사라지는 한이 있어도 눈을 뜨지 못하고 한번 든 잠은 깨어 일어나지 못합니다.(욥기 14 : 12)

『구약성서』의 역사에 나오는 상상의 진실은 맥박이 뛰는 육체와 같다. 영웅이든 평범한 사람이든 모든 사람은 살과 피로 된 현실의 인간이다. 그래서 2000년 이상이 지난 지금도 그들은 우리 자신의 역사에 나오는 인물들, 심지어 워싱턴과 링컨보다 더 가깝고 친숙하게 여겨진다. 모세가 말을 하면 우리는 약속의 땅이 가까운 피스가^{Pisgah} 산의 정상에 서 있는 그를 보게 된다. 바람에 그의 은빛 수염이 휘날리고 그의 목소리는 아래위가 뒤집힌 바다 위로 고동친다.

> 그런데 야훼께서는 너희 때문에 나에게까지 노여움을 품으시어 맹세하셨다. 나로 하여금 요르단 강을 건너지 못하게 할 것이며, 너희 하느님 야훼께서 너희에게 유산으로 주시는 그 좋은 땅에 결코 들어가지 못하게 하시리라고 하셨다. 나는 이 고장에서 죽어 요르단 강을 건너지 못하겠지만 너희는 건너가서 그 좋은 땅을 차지하여라.
>
> (신명기 4 : 21~22)

생명의 숨결을 지닌 『구약성서』의 인물들

역사를 쓰는 이들이 좋아하는 다윗 왕^{King David}은 남성과 여성이 제멋대로 뒤섞인 매력적인 인물이다. 그는 대담한 한편으로 교활하고, 관용적이면서도 이기적이고, 음탕하면서 자상하고, 거만하면서도 순종적이고, 용서하면서도 보복을 하고, 쉽게 죄를 범하고 회개한다. 그는 간교한 외교관이자 조직의 전문가, 시인, 음악가이다. 그는 검과 하프 그리고 눈물 흘리기의 명수이다. 그는 찬사와 숭배를 받지만 우리는 과거의 그를 알 수 있을 뿐이다. 수정된 것은 아무것도 없다. 그의 적인 사울 왕King Saul은 볼품없는 농부의 신분에서 떠밀리듯 왕위에 올라 우울한 성격과 불길한 예언에 시달린다. 그는 음흉한 사무엘Samuel의 적수가 되지 못한다. 공정하지 못한 이 싸움을 보며 우리는 그에게 동정을 보낸다.

야곱Jacob과 에사오Esau의 소개에서도 사정은 마찬가지이다. 이야기꾼들이 종족의 아버지 야곱에게는 호의적이고 에사오에게는 경시적인 태도를 취해도 그들의 독자적인 개성과 생명력은 그 빛을 잃지 않는다. 역사를 쓰는 이들은 자기도 모르게 에사오를 좋아할 만한 사람으로 묘사한다. 그는 붉은 머리의 난폭자이며, 솜씨 좋은 사냥꾼이자 야인이다. 배가 고프면 영혼을 한 끼의 식사와 바꾼다. 허기지고 지친 채 사냥에서 돌아오는 그를 보라. 그는 야곱 — 자신들의 어머니가 총애하는 — 이 맛좋은 불콩죽을 끓이고 있는 것을 본다. 그는 불콩죽을 좀 달라고 한다. 야곱이 이에 응하지 않자 그는 실랑이를 그만두고 한 그릇의 불콩죽을 먹기 위해 상속권을 야곱에게 넘겨준다. 사실 눈먼 늙은 아버지 이삭Isaac은 혈기 왕성하고 남자다운 에사오를 사랑했다. 이삭은 그의 옷에서 나는 냄새를 좋아하여, "아! 내 아들에게서 풍기는 냄새! 야훼에게서 복받은 들향기로

구나."(창세기 27:27)라고 할 정도였다. 그는 사냥꾼 아들이 가져온 사슴 고기를 좋아했고, 사냥 이야기와 더 이상 자신이 볼 수 없는 세상 돌아가는 이야기를 좋아했다. 나는 왜 역사를 쓰는 이들이 탐탁지 못한 야곱을 종족의 아버지로 택했는지 의아했다. 용의주도하고 교활한 야곱이 무모한 에사오보다 생존 능력이 더 높기 때문일까? 또한 대부분의 위인들은 강한 의지를 지녔던 어머니들이 총애하는 이들이 아니었을까?

이스라엘 북쪽 나라의 왕 아합^{Ahab} 조차도 — 그에 대해서는 "목숨을 내던져 가며 야훼의 눈에 거슬리는 일을 한 사람은 일찍이 없었다."(열왕기상 21:25)라고 말하고 있다 — 공정하게 묘사되고 있으며 훨씬 더 자세하다. 그 결과 사악한 아합이 매력적인 인물로 등장하게 된다. 그는 농부의 자식이고, 들판과 포도밭을 아끼는 사람이다. 그는 자상한 사람이다. 심한 가뭄이 왔을 때, "전국을 다녀 보자. 어쩌다가 풀이 있는 곳을 만날지도 모르니 모든 샘과 계곡을 샅샅이 뒤져 보자. 어떻게든 말과 노새를 살려야지 그냥 죽일 수는 없지 않겠느냐."(열왕기상 18:5)라고 말한다. 그는 자신의 궁궐 근처에 정원을 만들고 싶어 한다. 그의 궁궐 근처에는 이스르엘^{Jezreelite} 출신의 나봇^{Naboth}이 소유하고 있는 포도밭이 있다. 아합은 그곳을 정원으로 꾸미려고 한다. 절대 권력자인 그가 어떻게 이 일을 처리했는지 한번 보자. 그는 나봇에게 "그대의 포도밭이 내 궁궐 근처에 있으니 나에게 양도하게. 그곳을 정원으로 만들고 싶네. 그 대신 그대에게는 더 좋은 포도밭을 마련해 주지. 만약 그대가 원한다면 그 값을 시가로 따져서 현금으로 마련해 줄 수도 있네."(열왕기상 21:2)라고 말한다. 자존심 강한 지주인 나봇은 "선조에게서 물려받은 이 포도밭을 임금님께 드릴 수는 없습니다. 천벌을 받을 짓입니다."(열왕기상 21:3)라며 거절한다. 아합은 화를 내지 않는다. 그는 자신의 의사를 강요하기 위해 부하를 부르지 않고 궁궐로 돌아가 자리에 누워 이불을 얼굴까지 뒤집어쓰고 음식을 들지 않는다. 그래서 동방의 전제 군주의 딸인 이세벨Jezebel의 간단한 책략으로 마침내 그토록 바라던 포도밭을 손에 넣게 된다. 아합이 나약한 것은 분명하지만 악한 사람은 아니다. 그는 역사에 기록된 가장 문명화된 인물 중의 하나이다. 그의 치세 동안 남쪽의 자매 왕국인 유다Judah와의 관계가 처음으로 우호적으로 가까워진다. 그리고 아합이 시리아의 방자한 왕 벤하다드Ben-Hadad를 격파했을 때 그에게 보복을 하지 않고 형제로 삼아 그의 나라로 돌려보냈다.

『구약성서』에 등장하는 인물들 중에서 생명의 숨길을 지니지 않은 이는 하나도 없다. 왕과 성직자, 재판관, 조언자, 병사, 농부, 노동자, 상인, 수행자, 예언가, 마녀, 점술가, 광인, 나병 환자 등으로 넘쳐 나는 이 생생한 주인공들의 수를 어느 누가 셀 수 있을까? 일찍이 이처럼 방대한 삶의 파노라마를 엮어 낸 문학이 있었던가? 여기저기서 잠깐씩 거론되는 인물들도 모두 살아 움직이고, 우리는 그들에게서 친근감을 느낄 수 있다.

『구약성서』의 언어는 어색하고 아귀가 맞지 않는다. 파라오의 꿈속에 나오는 살찐 암소와 아름다운 라헬^{Rachel}을 묘사하는 데 똑같은 형용사가 쓰인다. 그렇지만 문장에서는 싹이 트고 꽃이 핀다. 법전을 읽는 것조차도 봄볕을 받으며 시골길을 산보하는 것 같다.

> 너희는 동족의 소나 양이 길을 잃고 헤매는 것을 보고 모른 체해서는 안 된다. … 너희는 동족의 나귀나 소가 쓰러져 있는 것을 보고 모른 체해서도 안 된다. 반드시 동족을 도와 거들어 일으켜 주어야 한다. … 길을 가다가 나무 위나 땅바닥에 새끼나 알이 들어 있는 새집을 보았을 때 어미가 새끼나 알을 품고 있거든 어미째 새끼를 잡지 말라. 어미를 날려 보내고 나서 새끼를 잡을 수는 있다. 그래야 너희가 잘되고 오래 살 것이다. 집을 새로 짓거든 옥상에 난간을 둘러라. 그러지 않았다가 사람이 떨어지면 너희 집이 그 피 값을 치러야 할 것이다.(신명기 22 : 1-8)

유대인이 어느 누구도 따를 수 없는 세계 최초의 이야기꾼이라는 사실에서, 탁월한 선구자로서 그리고 과학과 사회 문제의 이론가로서 그들의 현재 역할이 설명될 수 있을 것 같은 생각이 들었다. 진실을 상상해 내고 미지의 세상을 눈앞에 보여 주는 능력은 미지의 것을 탐험하는 데 없어서는 안 되는 것이다.

Power

Absolute power corrupts even when exercised for humane purposes. The benevolent despot who sees himself as a shepherd of the people still demands from others the submissiveness of sheep.

절대 권력은 선의의 목적으로 행사될 때에도 부패한다. 백성들의 목자를 자처하는 자비로운 군주는 그럼에도 백성들에게 양과 같은 복종을 요구한다.

자살을 결행하리라

기억에 남아 있는 세 명의 얼굴

일을 그만두고 하루의 시간을 온통 내 마음대로 보내다 보니 깨어 있는 시간 동안 끊임없는 활동으로 분주한 것이 놀라웠다. 몇 년 동안 살았던 거대한 도시가 마치 처음 보는 것 같았다. 내겐 돈이 그리 들지 않는 약간의 식도락이 있었다. 그것은 바로 싱싱한 고기 한 조각과 몇 개의 감자, 얇게 썬 당근, 방풍나물에 걸쭉한 적갈색 육즙을 부은 비프 스튜였다. 힐 스트리트^{Hill Street}에 있는 카페테리아는 그런 스튜 요리를 하는 곳 중에서 단연 최고였다. 나는 매일 그곳에서 저녁을 먹었다. 도서관 출입과 저녁 식사를 위해 거리를 걸을 때 나의 감각은 시야에 있는 것은 무엇이건 건드려 보고 냄새를 맡아 보는 즐거운 강아지와 같았다. 나의 귀는 거대한 도시가 뿜어내는 생명의 고동 소리를 들을 수 있는 것 같았다. 내 몸의 모든 체모에는 번잡한 보도의 긴장감이 감지되었다. 내 눈은 수천 개의 얼굴을 향했지만, 눈길이 머물 데가 없었다. 그 얼굴들이 모두 텅 비어 있는 것처럼 보였기 때문이다. 어느 얼굴에서도 기쁨이나 슬픔의 표정, 약간의 골몰이나 안달도 찾아볼 수 없었다. 불안이나 기대가 드러나지도 않았다. 내가 살펴본 그 얼굴들 중에서 기억에 남아 있는 것은 세 경우밖에 없었다.

하나는 보도 가장자리에 서 있던 한 중년 부인의 얼굴이었다. 그 얼굴은 창백하고 거의 반투명에 가까웠다. 눈에는 고요한 절망이 가득했다. 그녀는 거리의 이쪽저쪽을 쳐다보고 있었다. 그러나 어느 쪽에도 기대를 하지 않는다는 것, 어느 쪽으로 걷든 상관없다는 것이 분명했다.

다음은 부서질세라 소중하게 강아지를 팔에 껴안고 뺨을 부비는 한 소년의 섬세한 얼굴이었다. 밝은 눈과 얼굴에는 경이로움과 상냥함, 자부심 그리고 두려움이 뒤섞여 있었다. 마치 그 소년은 생명이 없는 덩어리에 매순간 생명을 불어넣어 주는 것 같았다. 자 봐라, 내 팔에는 검은 코와 붉은 혀, 이빨, 생동적인 눈, 손가락에 느껴지는 갈비뼈의 감촉, 귀여운 꼬리, 따뜻한 체온이 느껴지는 강아지가 있지 않은가. 그러나 그 조그만 덩어리에서 생명이 안전할 수 있을까? 생명이 거기에 머물 수 있을까?

마지막은 어느 날 저녁에 내가 저녁 식사를 하고 있을 때 카페테리아에 들어온 검은 옷 차림의 여성이었다. 그녀는 테이블에 앉아 자신이 없는 표정으로 주위를 둘러보았다. 그녀는 이 도시에 처음 온 외국인임이 분명했다. 셀프 서비스인 카페테리아의 사정을 알지 못했던 것이다. 그녀의 온화한 검은 눈은 바쁘게 테이블을 치우고 있는 웨이터 보조원을 따라가고 있었다. 그녀는 그를 웨이터로 오인하고 있는 것이 분명했다. 나는 그녀의 테이블로 걸어갔다. 그녀는 놀라 나를 쳐다보았다. 손님이 직접 음식을 가져다 먹는 방식을 설명해 주자 그녀는 자리를 떠나기라도 할 듯이 일어났다. 나는 이 식당의 비프 스튜를 지나칠 정도로 칭찬했다. 그녀의 조그만 입 언저리에 미소가 떠올랐다.

　나는 그녀를 식판이 쌓여 있는 곳으로 데려가 식사를 주문하는 방법을 가르쳐 주고 나서 음식을 담은 식판을 그녀의 테이블까지 들어다 주었다. 그녀는 불편해하고 당황하는 것 같았다. 나는 "부인, 전 해를 끼칠 생각은 없습니다. 걱정하지 마세요"라고 말하고 내 테이블로 돌아왔다. 그녀는 다시 미소를 지었다. 모든 게 잘되었다. 그러나 내게 있을지도 모르는, 다른 사람과 친해지고 싶어 하는 충동은 곧 수그러들어야 했다. 그녀의 마음속에 불신이 고이기 시작하는 것을 느꼈기 때문이다. 나는 책을 집어 들고 그녀에게 작별 인사를 보냈다.

결국은 자살을 결심하다

산보와 식사, 독서, 공부, 낙서의 일상생활이 매주 계속되었다. 나는 여생 동안 계속 그렇게 할 수 있을 것 같았다. 돈이 떨어지면 다시 죽을 때까지 매일 일하러 가야 한다는 생각이 나를 피곤하게 했다. 내가 금년 말에 죽건 10년 뒤에 죽건 무슨 상관인가? 다시 일하러 가길 거부한다면 어떤 일이 벌어질까? 거지나 도둑이 될까? 다른 선택은 없을까? 되돌아보면 그 무렵에 자살하겠다는 생각이 이미 내 마음 한쪽에서 움트고 있었던 것을 알 수 있다. 결심을 할 시간은 충분히 있었다.

1931년 말이 되자 돈이 떨어지면 무엇을 할지 결심해야 할 시간이 다가왔다. 실제로 내 마음은 이미 정해져 있었다. '자살을 결행하리라.' 내가 할 일은 세부적인 것을 정하는 일뿐이었다. 나는 신속하고 고통 없이 죽을 수 있는 방법을 찾아야 했다. 리볼버 권총이 이상적이었지만 경찰의 허가 없이는 소지할 수 없었다. 가스는 옆집으로 누출되고 이웃을 놀라게 할 수도 있었다. 다리에서 뛰어내리거나 차에 치여 죽는 것은 참혹한 것 같았다. 그렇다면 독약밖에 없었다. 『브리태니커 백과사전』의 독약에 관한 항목이 많은 정보를 제공해주었다. 중금속염으로 된 석탄산 같은 부식성 독은 내장을 망가뜨리고 시간이 더디어 많은 고통을 수반한다. 수산과 같은 연마성 독은 훨씬 예민하다. 혈류에 침투하지만 역시 내장을 공격하고 구토를 유발한다. 청산가리와 같은 전신성 독은 신경 계통에 작용하여 의식을 잃게 한다. 신속하고 고통이 적다. 그것은 정도의 차이는 있지만 베로날과 같은 강한 수면제의 경우도 마찬가지이다. 몇몇 약국을 돌아본 결과 청산가리는 살 수 없다는 것을 알았다. 베로날과 기타 수면제는 의사의 처방이 있어야만 했다. 그래서 나는 수산으로 결정했다. 『브리태니커 백과사전』에는 수산이 표백제로 널리 쓰이는 사리염과 결정이 비슷하여 흔히 보는 중독의 원인이 된다고 했다. 나는 25센트를 주고 다량의 수산염을 샀다. 그래서 준비는 하루 만에 끝났다.

노동자의 죽음 그리고 방랑자의 탄생

생의 끝에서 새로운 길을 얻다

　나의 마지막 날은 일요일이었다. 잠에서 깨어난 순간부터 머리를 두드리는 암울한 불안을 의식할 수 있었다. 나의 시야에 테이블 위의 책들과 구석의 냄비와 접시는 그 전날들의 흥겨운 친숙함으로 다가오지 않았다. 그것들은 부부 싸움을 하는 날을 골라 잘못 찾아온 친구와 같았다. 그것들은 내게 등을 돌렸다. 무슨 일이 있었던가? 내가 그날 저녁에 죽으려 했다는 것은 사실이 아니었다. 죽음은 가까이 다가가서 보거나 듣는 것을 통해 공포에 휩싸일 그런 이미지나 소리가 아니기 때문이다. 전날 밤에 나는 짧은 시간이나마 평화로웠다. 나는 생생한 디테일에 낄낄대고, 더할 나위 없는 스토리 전개에

감탄하면서 야곱과 그의 아들에 대한 이야기를 몇 시간 동안 다시 읽었다. 이제 나는 어두운 숲 속에서 길을 잃은 자와 같았다. 나는 내 침대를 떠날 용기가 없었다. 밤의 어둠이 창문으로 나타나 나를 나오라고 유혹할 때까지 서글프게 졸다가 침울하게 깨어 있기를 되풀이했다. 되돌아보면 갑작스러운 불안의 이유가 아침이 되면 '내일'이 사라지고 만다는 점 때문이었던 것 같다. 지금부터 한 달 뒤에 오건 일주일, 아니 하루 뒤에 오건 죽음은 공포를 수반하지 않을 것이다. 죽음의 공포에는 '내일'이 없기 때문이다.

나는 물을 반쯤 채운 약병에 수산염 알갱이들을 집어넣었다. 일부는 녹고 나머지는 바닥에 가라앉았다. 병을 신문지로 싸서 손에 들고 거리로 나섰다. 도시 바깥으로 나갈 생각이었다. 그런 곳이라면 괴로운 신음 소리가 들려도 누가 반응할 리 없을 것이기 때문이었다. 또 만약 고통을 못 이겨 도움을 요청하러 달려간다 해도 소용이 없을 것이라는 생각도 한몫을 했다. 3~4km를 달리게 되면 독이 더 빠르게 퍼져 어떤 노력도 수포로 돌아가게 될 것이기 때문이었다.

나는 피구에라Figueroa 거리를 따라 남쪽으로 걸었다. 밝은 색깔의 보도는 마음을 편하게 해 주었다. 레스토랑들은 붐볐다. 하얀 유니폼의 웨이트리스들이 식탁 주위와 카운터 뒤를 바쁘게 돌아다니고 있었다. 은 그릇들이 부딪치는 소리와 음식을 주문하는 소리가 따뜻한 밤 공기를 가르며 들려왔다. 전차들이 앞뒤에서 경적을 울려 댔다. 전차들이 전선에 달린 커다란 랜턴처럼 보였다. 전차 정류장에는 중년 남자와 소년이 전차를 기다리고 있었다. 그들은 가로등의 밝은 불빛을 받고 있었다. 나는 소년이 발뒤꿈치를 들고 서서 중년 남자의 타이를 고쳐 주고 어두운 빛깔의 양복 깃을 펴 주는 것을 보았다. 그 동안 소년은 열심히 이야기를 했다. 그것이 끝나자 다시 남자의 손을 잡고 흥겨운 몸짓으로 버스를 기다리며 발을 동동 굴렀다.

도심에서 떨어져 있는 보도의 모습들은 황량했다. 저만치 떨어져 있는 작은 레스토랑들은 인근에 사는 가족들이 모이는 장소였다. 청과 시장의 휘황찬란한 불빛은 어둠 속에서 번쩍이는 섬처럼 느껴졌다. 나는 약병을 고쳐 들고 열병에 걸린 사람처럼 속으로 되뇌었다.

'이 거리가 끝이 없다면 좋겠다. 영원히 걸을 것이다. 발은 피곤하지 않을 것이다. 초조해하거나 불평하지도 않을 것이다.'

나는 초록빛으로 뒤덮인 들판과 과수원을 굽이굽이 돌며 푸른 바다로 달려가는 길을 생각했다. 배낭을 가볍게 흔들면서 팔다리를 움직여 길을 걷는 것만큼 즐거운 일은 없을 것 같았다. 그때 왜 갑자기 생이 끝없는 길로 느껴지면서 은연중에 자살에 대한 반발이 생겨나게 되었는지 알 수 없었다.

그때까지 나는 흙탕길을 걷고 있었다. 교수대 같은 유정 탑들이 어렴풋이 눈앞에 나타났다. 길의 왼쪽으로 펼쳐진 들판에는 키가 큰 유칼립투스가 한 그루 서 있었다. 나는 울퉁불퉁한 땅바닥 때문에 계속 비틀거리며 그곳으로 향했다. 병을 감싼 신문지를 풀어 헤치는 동안 열병에 걸린 것처럼 갖가지 생각들이 이어졌다. 마개를 열고

한 모금을 마셨다. 무수한 바늘들이 입안을 찌르는 것 같았다. 그러나 그때 갑자기 격정이 폭발했다. 나는 수산을 내뱉고 계속 침을 뱉으며 기침을 했다. 그리고 입술을 닦으면서 약병을 멀리 날려 보냈다. 어둠 속에서 약병이 툭 하고 떨어지는 소리가 들렸다.

나는 계속 침을 뱉고 기침을 하면서 허겁지겁 흙탕길로 올라왔다. 길을 달리자 시멘트 포장도로가 나왔다. 포장도로 위로 퍼지는 내 발자국 소리가 박수 소리 같았다. 나는 흥분에 휩싸여 혼자 중얼거렸다. 나는 붐비는 사람들 사이로 끼어들 때까지 계속 뛰었다. 가로등과 점멸하는 신호등, 벨 소리, 전차, 자동차 등 인간이 만든 모든 것이 나의 살과 뼈의 일부인 것 같았다. 나는 탐욕스러운 식욕을 느끼며 카페테리아로 걸음을 옮겼다.

음식을 삼키면서 나는 생이 길이라는 비전 — 어디로 가는지, 그 위로 무엇이 가는지 모르는 채 굽이굽이 끝없이 이어지는 길 — 이 다시 머리에 떠올랐다. 도시 노동자의 죽지 못해 사는 일상에 대해 내가 생각해 본 적이 없는 대안이 거기에 있었다.

'나는 도시에서 도시로 이어지는 길로 나서야만 한다. 도시마다 낯설고 새로울 것이다. 도시마다 자기 도시가 최고라며 나에게 기회를 잡으라고 할 것이다. 나는 그 기회들을 하나도 놓치지 않을 것이며, 결코 후회하지 않을 것이다.'

나는 자살을 감행하지 않았지만, 그 일요일에 노동자는 죽고 방랑자가 태어났다.

희망이 없는 상황에서의 용기

인간에게는 희망보다 용기가 필요하다

나는 1931년부터 제2차 세계대전이 발발할 때까지 10년 동안을 길 위에서 보냈다. 자살에 실패한 뒤 조그만 보따리를 어깨에 메고 로스앤젤레스를 떠날 때 내 마음은 가벼웠다. 사방이 탁 트인 시골로 나왔을 때 나는 이제야 내가 집으로 돌아왔다는 것을 깨달았다. 나는 두려움이 없었다. 적응의 기간도 필요하지 않았다. 지나가는 차를 얻어 타거나 몰래 화물 열차를 탈 생각은 없었다. 차를 태워 주겠다면 받아들일 테지만 구걸하지는 않겠다는 생각이었다.

활기차게 걸으면서 나는 시를 읊기 시작했다. 단어를 찾는 것과 활기찬 걸음걸이는 서로 잘 어울렸다. 첫 구절이 기억에 떠오른다.

혼자 걸으니 가슴이 설레네.

들판이 멀리 나아가 하늘과 만나고

산들이 꿈 같은 푸르름 속에 떠 있고

속삭이는 바람이 쏜살같이 달려가는

그곳은 어디인가.

오후에 나는 차를 얻어 탈 수 있었다. 독일어 억양의 운전사는 애너하임Anaheim으로 간다고 했다. 그는 내게 어디로 가느냐고 물었다. 나는 목적지가 없이 무작정 걸어가고 있다고 말했다. 그는 그러면 안 된다고 했다.

"사람은 목표를 가져야 합니다. 희망 없이 사는 것은 좋지 않아요."

그는 괴테Goethe를 인용했다. '희망이 없으면 모든 것을 잃는다. 태어나지 않은 것만 못하다.' 나는 반박하지 않았다. 그러나 운전사가 인용한 것이 옳다면 괴테가 그리 대단한 인물이 아니라는 생각이 들었다. 애너하임에 도착하자 나는 조그만 도서관을 찾아갔다. 그런데 이상하게도 그 도서관에는 괴테의 『파우스트Faust』밖에 없었다. 책장을 넘길 때 나는 건초 더미에서 바늘을 찾는 기분이었다. 그때 나는 게오르 브란데스George Brandeis●가 괴테에 관해 쓴 두꺼운 책을 발

● 게오르 브란데스(George Brandeis, 1842~1927): 덴마크 사상가이자 문학사가. 주요 저서로 『19세기 문학 주요 사조』, 『괴테』 등이 있다.

견했다. 그 구절을 찾아 보니 운전사가 잘못 인용한 것이었다. 괴테는 '희망(Hoffnung)이 없으면'이라고 한 것이 아니라 '용기(Mut)가 없으면'이라고 했다. 도서관을 나오면서 나는 레스토랑 창문에서 '접시닦이 구함'이라는 구인광고를 보았다. 나는 일자리를 잡았다.

그 레스토랑은 두 형제가 공동으로 소유하면서 2교대로 요리도 하고 잡일도 했다. 로스앤젤레스에서 나는 자본주의의 해악에 관한 이야기를 많이 들었다. 그 무렵은 공황으로 자본가의 탐욕에 대한 비난이 들끓는 시기였다. 내 느낌은 자본가란 어떤 부류로 나눌 수 없다는 것이었다. 이제 나는 두 자본가의 행동을 지켜볼 수 있는 기회를 갖게 되었다. 내가 확인한 것은 두 자본가가 형제임에도 불구하고 서로 다른 종자인 것처럼 제각각이라는 것이었다. 한 사람은 뚱뚱하고 다른 사람은 야위었다. 뚱뚱한 쪽은 재미있는 사람이었다. 그는 장난치듯이 일을 했는데, 틈만 나면 위스키를 홀짝거리며 웨이트리스들의 뒤를 쓰다듬었고 나에게는 쉽게 쉽게 일하라고 했다. 그는 손님들과 농담도 잘했고, 대식가에다 요리를 즐겼다. 어느 누구든 그 사람 옆에서 일하면 즐겁지 않을 수 없었다. 나는 그가 게걸스럽고, 인정 없고, 이기적이라는 것을 알았지만 그를 미워할 수 없었다. 파산하게 되면 그는 잠시 낙담하겠지만 곧 쾌활한 천성이 나타날 것이라는 생각이 들었다. 그는 혹독하거나 비굴해지지 않고 다른 사람 밑으로 들어가서 다시 재산을 모으려고 노력할 것 같았다. 큰 기회를 놓치지 않고, 동료들을 이용하고, 그들을 짓밟아 가며 자신의 목적을 달성할 테지만, 정신과 매너는 장난을 치면서 즐거워하는 사람의 수준일 것이다. 모든 노력이 수포로 돌아가면 그는 아마 떠돌이 노동자 대열에 합류할 것이다. 그러고 나서 술을 마시고 잘나갔던 지난날을 자랑할 것이다. 그의 탐욕은 사라지고 처음 보는 이들과 음식과 담배를 나눌 것이다. 그는 어디를 가든 사랑받을 것이다.

야윈 사람은 크래커에 우유만 마시는 사람이었다. 자주 금전등록기를 살펴보고, 가스를 껐는가 신경을 쓰고, 나에게 무엇이든 바쁘게 움직이라고 했다. 무엇이 잘못되면 그는 주위를 돌아보다가 내가 가까이 있으면 그걸 내 탓으로 돌렸다. 그는 끊임없이 잔소리를 했다.

"당신들이 알아야 할 것은 밥값을 하라는 거다."

나를 해고하면서 월급을 줄 때 그는 돈을 두 번씩이나 세어 보고 동전을 감추지나 않았는지 내 손을 살폈다. 그러고는 마치 은혜라도 베푸는 듯한 태도로 내게 돈을 건네주었다. 그는 파산하게 되면 선동적인 혁명가가 될 것 같은 느낌이 들었다. 좌절감을 독약으로 발효시키고 사악한 세상에 저주를 퍼부을 것이다. 살의를 키우면서 퀭한 눈으로 거리를 쏘다닐 것이다.

몇 주 동안 레스토랑에 머물면서 나는 손님 몇 사람을 알게 되었다. 그들은 어떤 여건 속에서도 명랑하다고 해서 나를 '해피'라고 불렀다. 러시아워에는 웨이트리스를 돕기도 했는데, 그때 나는 내가 다른 사람 일 거들기를 좋아한다는 것을 알게 되었다. 나는 좋은 하인 또는 훌륭한 시종의 소질을 가지고 있었다. 어느 날 나를 태워 준 운전사가 레스토랑에 들어왔다. 서로 반갑게 인사를 하고 나서 나는 그에게 내가 도서관에서 확인한 내용을 이야기해 주었다. 그리고 그에게 인용을 잘못한 죄를 장난삼아 문책했다. 그는 한마디로 일축했다. 희망과 용기는 그게 그거라고 했다. 나는 그에게 차이를 설명하는 데 최선을 다했다. 내가 웅변조로 이야기하자 손님 몇몇이 논쟁에 끼어들었다. 그들 대부분은 내 말에 공감했다.

자기기만이 없다면 희망은 존재할 수 없지만, 용기는 이성적이고 사물을 있는 그대로 본다. 희망은 소멸할 수 있지만 용기는 호흡이 길다. 희망이 분출할 때는 어려운 일을 시작하는 것이 쉽지만, 그것을 마무리하는 데에는 용기가 필요하다. 전쟁을 이기고, 대륙을 제압하고, 나라를 세우는 데에는 용기가 필요하다. 희망 없는 상황에서 용기가 힘을 발휘할 수 있게 해 줄 때 인간은 최고조에 달할 수 있다.

샌디에이고로 가는 길

마음속에 남아 있는 두 가지 에피소드

　나는 다시 길을 나섰다. 샌디에이고^{San Diego}까지 오는 데 얼마가 걸렸는지 기억에 나지 않는다. 되돌아보면 한 평생이 걸린 것처럼 느껴졌다. 그 길을 가면서 나는 흠잡을 데 없는 농부가 되었기 때문이다. 나는 밭 갈고, 가지 치고, 농약 뿌리고, 건초 쌓고, 물 대고, 심지어 나뭇가지를 접붙이는 방법까지 배웠다. 그중에서 특히 묘목 농장에서 일하는 것이 가장 재미있었다.

　그런데 이상하게도 여러 가지 경험을 쌓은 그 길의 여정에 대해서는 생생한 기억이 거의 남아 있지 않다. 단지 두 가지 에피소드가 마음속에 또렷이 남아 있을 뿐이다. 그 가운데 한 가지는 어느 날 오후에 넓은 역 마당이 있는 작은 마을로 들어섰던 기억에서부터 시작된다. 그 마을은 완두콩 재배의 중심지였고, 나는 완두콩 따는 일을 하러 그곳에 갔다. 아침에 완두콩을 따는 인부들을 들판으로 데려가는 트럭들이 들어오면, 거기에 올라타곤 했다.

그날도 트럭이 올 때까지 나는 조그만 광장의 벤치에 앉아 주변에서 일어나는 일을 구경하고 있었다. 광장 한가운데에는 가지가 땅바닥까지 닿은 덤불 나무가 한 그루 있었다. 우연히 그 나무에 눈길이 머무는 순간 갑자기 덤불 사이로 셔츠를 입은 팔이 불쑥 나오는 것이 보였다. 소매는 때에 절었지만 진주 커프스 단추가 달려 있었다. 나는 그 엉뚱함에 눈이 휘둥그레졌다. 곧 몸통이 나타났다. 금발에 면도도 하지 않아 지저분한 내 나이 또래의 황폐한 술꾼이었다. 그는 주위를 아랑곳하지 않고 셔츠 주머니에서 작은 거울을 꺼냈다. 그리고 상처라도 나지 않았나 살피면서 면도도 하지 않은 얼굴을 쓰다듬었다. 마주치면 그가 민망해할 것 같아 나는 서둘러 광장을 떠났다.

다음 날 아침에 완두콩 따는 인부들이 트럭에 오를 때 혼자서 쭈뼛거리며 서 있는 그를 보았다. 그와 눈이 마주친 나는 차에서 내려 그가 트럭에 오를 수 있도록 도와주었다. 들판에서 우리는 같은 줄이 되어 완두콩을 땄다. 그는 손놀림이 좋았고 나만큼 실적이 좋았다. 저녁이 되어 마을로 돌아왔을 때 그는 나를 따라와 내 옆방을 빌렸다. 우리는 같은 레스토랑에서 식사를 했다. 파트너였지만 우리는 말도 몇 마디 나누지 않았다. 그의 이름은 빌^{Bill}이었다.

나는 곧 우리가 파트너 이상이라는 것을 알았다. 수많은 떠돌이 노동자의 이름을 알고 있는 마을 경찰이 내 형제를 위해 내가 해 줄 일을 알려 주었다.

"저 사람은 몇 주 전에 흘러 들어왔는데, 술에 취하지 않은 날이 없었소. 자살하려고 한다는 것을 알 수 있을 거요."

다른 이들도 우리 사이의 닮은 점을 알아채고 빌과 내가 당연히 형제인 것으로 여겼다.

어느 날 우리는 일찍 일터에서 돌아왔다. 우리는 몸을 씻은 뒤 역 마당의 구경거리를 보려고 방을 나섰다. 관광 시즌이어서 역에는 잘 차려입은 사람들이 탄 호사스러운 객차들이 가득했다. 우리는 여러 외국어를 몇 마디씩 들을 수 있었다. 바로 우리 방의 문과 이어진 계단 앞에 거대하고도 이국적인 세계가 다가와 있었다. 우리는 철망 근처의 벤치에 앉아 있었다. 그때 기관차가 한 객차를 바로 우리 건너편으로 옮겨 놓았다. 뒤쪽 승강대에서 회색 머리의 남자가 젊은 여자와 부지런히 이야기를 나누고 있는 것이 보였다. 남자는 차림새가 굉장했다. 여자는 보는 사람이 기절할 정도로 아름다웠다. 그들은 내가 눈길을 준 사람 중에서 가장 멋진 사람들이었다. 그들은 계속 이야기를 나누면서도 몸을 돌려 마을 쪽을 바라보았다. 여자가 흥분해서 남자의 팔을 잡고는 철망 너머의 우리를 가리켰다. 그때 기관차가 객차를 끌고 가 버렸다. 나는 빌의 반응을 살펴보기 위해 눈을 돌렸지만, 그는 이미 옆에 없었다. 내 방으로 돌아왔을 때 여관 여주인이 빌이 짐을 싸서 나가 버렸다는 이야기를 해 주었다.

"급하게 나가느라 쪽지도 남기지 않았어요."

저녁 때 내가 레스토랑에서 나오자 경관이 길 건너편에서 나를 불렀다. "당신을 보자고 하는 사람이 있소"라고 하고는 나를 경찰서로 데리고 갔다. 나는 흥분으로 가슴이 두근거렸다. 기차에서 내린 멋쟁이 두 사람이 거기에 있었기 때문이었다. 그들은 나를 뚫어지게 쳐다봤다. "빌은 어디 있어요?"라고 남자가 물었다. 나는 빌이 방도 포기한 채 사라졌고 어디로 갔는지 모른다고 했다. 그의 얼굴을 살펴보면서 나는 그 표정만으로는 그가 내 말을 믿고 있는지 알 수가 없다는 생각이 들었다. 그러나 곧 나의 시선은 여자의 얼굴로 향했다. 나는 그녀의 아름다움에 잠시 넋을 잃었다. 그녀는 다가와서 내 손을 잡았다. 그녀의 깊은 갈색 눈을 들여다보게 되었을 때에는 그 속으로 빠져드는 것 같은 기분이 들었다. 그녀는 "빌을 만나면 아버지와 아내가 찾고 있고, 계속 찾을 거라고 말씀 좀 전해 주세요. 우리는 그가 집으로 돌아오기를 간절하게 바라고 있어요"라고 말했다. 그녀의 목소리는 아직도 내 귀에 쟁쟁하게 남아 있을 만큼 간절했다. 남자는 호기심 어린 눈으로 나를 쳐다보았다.

"믿을 수 없군. 선생은 빌의 쌍둥이 형제라고 해도 될 것 같군요. 내 이름은 애커먼 Ackerman 이고 볼티모어에서 왔습니다. 경관 말씀이 선생이 빌을 보살펴 주었다고 하더군요. 깊이 감사드립니다. 여기 내 명함이 있습니다. 빌의 소식을 들으시면 부디 우리에게 연락 좀 해 주세요. 그리고 우리 쪽으로 오실 일이 있으시면 꼭 한번 들러 주세요."

그리고 그들은 경관과 함께 밖으로 나갔다. 두 사람의 얼굴은 내 마음속에 영원히 새겨져 있을 것이라는 생각이 들었다. 나는 빌이 집을 뛰쳐나오게 된 연유에 대해서는 알아볼 생각이 없었다.

스스로의 힘으로 건설한 아메리카

내가 기억하고 있는 두 번째 에피소드는 큰 부랑자 거리가 있는 해변 마을에서 있었던 일이다. 나는 저녁 때 그곳에 도착했다. 그리고 다음 날 아침에 나는 큰 트럭 두 대가 미끄러지듯 마을로 들어오는 것을 보았다. 어느 건설 회사가 산 위에 도로를 낼 예정이었다. 회사 책임자는 인력 대행사에서 노동자를 공급받는 대신에 부랑자 거리에 트럭 두 대를 보냈다. 트럭에 올라타는 사람은 설혹 다리가 한쪽밖에 없어도 채용될 수 있었다. 트럭이 가득 차게 되자 운전사는 뒷문을 닫고 우리를 동쪽으로 데려갔다. 그리고 어느 산비탈에 우리를 내려놓았다. 회사에서 일을 감독하기 위해 나온 사람은 딱 한 사람뿐이었다. 그 밖에 무수한 장비와 공구가 있었다. 감독이 도로를 낼 곳에 표시를 하면 우리는 공사를 해야만 했다. 그때 나는 환상적인 일이 벌어지는 것을 목격했다. 우리 중 하나가 노트에 연필로 이름을 적었고, 뒤이어 우리 스스로 일할 분야를 가르기 시작했던 것이다. 우리 중에는 목수와 대장장이, 불도저 운전기사, 착암기기사도 많았고, 요리사, 응급 요원, 심지어 공사판 십장도 있었다. 우리는 막사와 조리용 오두막, 화장실, 샤워실을 짓고 다음 날 바로 도로 공사에 착수했다. 그 일은 전문가의 솜씨였다. 특히 석벽과 배수로는 예술 작품이었다. 주 정부에서 나온 감독관이 우리 주위를 돌아다녔지만 아무 하자도 찾아내지 못했다. 일은 척척 진척되었다. 그런 일이 러시아나 다른 나라에서 일어날 수 있겠는가? 만약 헌법을 쓴다면 '…인 반면에'와 '무슨 이유로'를 모두 아는 이들이 있어야 할 것이다. 우리는 부랑자 거리의 포장도로에서 퍼낸 한 삽의 진흙에 불과했지만, 우리 스스로의 힘으로 언덕 옆에 아메리카를 건설할 수 있었다.

Failure

We clamor for equality chiefly in matters in which we ourselves cannot hope to attain excellence. To discover what a man truly craves but knows he cannot have we must find the field in which he advocates absolute equality. By this test Communists are frustrated Capitalists.

우리는 주로 자신이 우위에 설 희망이 없는 문제에서 평등을 주장한다. 절실히 원하지만 가질 수 없음을 알고 있는 그것을 찾기 위해서는 자신이 절대적 평등을 내세우는 분야를 찾아야 한다. 그런 시험에서 공산주의자란 좌절한 자본주의자라는 것이 드러난다.

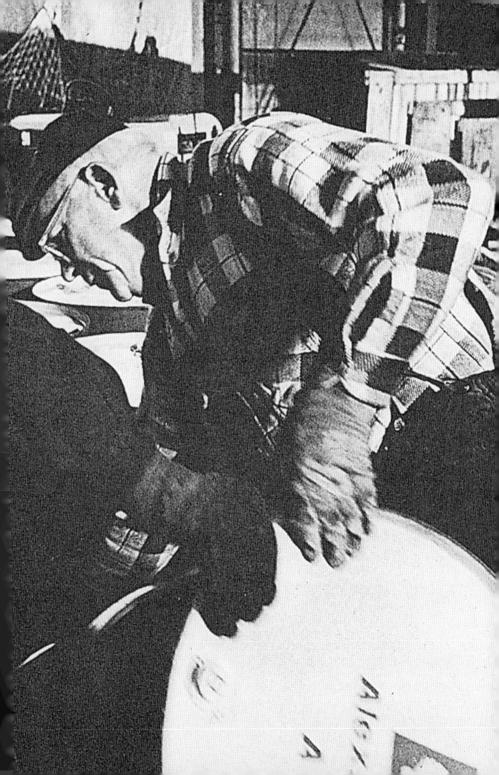

떠돌이 노동자에서 사상가로

멕시코 국경 위쪽의 샌디에이고는 도로가 끝나는 곳일 뿐 아니라 세계가 끝나는 곳 같았다. 1930년대 초 샌디에이고는 뱃사람들과 창녀들이 사는 보잘것없는 작은 마을이었다. 내가 기회를 잡아 볼 구석이라고는 전혀 눈에 띄지 않았다. 말 그대로 일자리가 없었던 것이다. 돈이 떨어지기 전에 떠나야 했다. 발걸음을 북쪽으로 돌리느냐, 아니면 동쪽으로 펼쳐진 약 290km의 사막을 건너 임페리얼 계곡으로 가느냐를 선택해야 했다.

어느 날 저녁, 걷다 보니 도매 시장으로 가게 되었다. 나는 그곳에서 임페리얼 계곡에서 온 트럭에서 양배추 내리는 것을 도와주었다.

트럭 운전사는 나를 엘센트로^{El Centro}까지 태워 주겠다고 약속했다. 우리는 자정쯤 출발하여 달빛이 훤한 봉우리와 절벽들 사이를 달렸다. 운전사가 나를 엘센트로의 외곽에 내려 준 때는 새벽이었다. 그리고 모터사이클을 탄 경찰관이 나를 붙잡아 역 광장 근처의 수용소로 데려갔다. 그곳은 시에서 일자리가 없는 떠돌이 노동자들에게 먹을 것과 잠자리를 제공해 주는 곳이었다.

엘센트로의 임시수용소에 머물게 된 것이 나의 모든 사고를 물들이게 된 계기가 되고, 다음 50년 동안 내가 쓰게 될 모든 글의 씨앗을 키우게 하는 계기가 될 줄은 아무도 예상하지 못했을 것이다. 한 개체가 자신의 재능을 인식하고 그것을 키워 낼 수 있었던 창조적 환경에 관한 글은 수없이 많다. 예루살렘과 아테네, 르네상스의 피렌체, 암스테르담, 파리, 런던 같은 도시는 위대한 작가와 예술가, 과학자, 철학자들의 온상이었다. 몇몇 큰 대학은 창조적 작업의 중심이었다. 차르 치하의 러시아는 위대한 소설가와 과학자를 배출했지만, 레닌 치하의 러시아는 지적으로는 불모지였다. 독일은 위대한 저작과 음악을 산출한 온상으로, 독일 제국의 시절과는 비교가 되지 않았다. 동양은 수천 년 동안 정체되어 있었지만 서양은 중세 말 이후에 보기 드문 창조성의 경이적인 분출을 눈앞에 보게 되었다. 그러나 이런 사실들 위에 세운 어떤 법칙이나 일반적인 정의로도 엘센트로의 떠돌이 노동자 수용소가 사상가와 저술가로서의 나의 잠재력을 실현할 수 있는 이상적인 환경이 된다는 것을 설명해 줄 수가 없을 것이다.

밖에서 보면 수용소는 공장과 감옥의 결합체 같았다. 높다랗게 철조망이 주위를 둘러싸고 있었다. 안에는 3개 동의 큰 막사와 검은 연기를 내뿜는 거대한 보일러실이 있었다. 모래 마당에서는 푸른 셔츠와 인도산 무명 바지를 입은 사람들이 거닐고 있었다. 한 건물 앞에 걸린 선박용 종이 아침 식사 시간을 알렸다. 수용소의 상시 수용자가 먼저 식사를 했고, 그 다음 우리가 줄을 지어 들어가 충분한 배식을 받았다. 식사 후에 우리는 몇 주의 체재를 신청할 수 있다는 이야기를 들었다. 사무실에서의 간단한 면담과 신체검사가 신청을 하는 데 필요한 형식적 절차의 전부였다.

수용소에는 200여 명의 사람들이 있었다. 그들은 내가 떠돌이 노동자가 된 이후에 함께 일하고 떠돈 그런 부류의 사람들이었다. 농장과 과수원에서 같이 일한 적이 있는 친숙한 얼굴들도 있었다. 그런데도 나는 낯설다는 느낌을 지울 수가 없었다. 한 무리와 함께 일하고 떠돌아다니는 것과 200여 명의 사람들이 같이 먹고 자고 하루 종일 몸을 부대끼며 보낸다는 것은 전혀 다른 경험이었다. 나는 내 주위의 사람들이 어떤 사람들인지 궁금해졌다. 그들은 수용소 밖의 사람들과 같은 사람일까? 그때까지 나는 떠돌이 노동자를 특수한 범주의 인간으로 의식하지 못했다. 나는 함께 떠돌아다닌 사람들을 미국 사람인지 멕시코 사람인지, 백인인지 흑인인지, 남부 사람인지 북부 사람인지 정도로 식별했을 뿐이었다. 그들이 특이한 속성을 가진 집단이고, 그들로 하여금 특수한 생존 방식을 택하게 만든 그들의 정신 구조에 무엇인가가 있다는 생각을 하지 못했다.

사회의 적응 불능자들

나로 하여금 사람에 대한 새로운 행로를 시작하게 한 것은 사소한 것이었다. 나는 어느 온화해 보이는 나이 든 사람과 이야기를 나누게 되었다. 무엇보다 나는 그의 부드러운 말투와 상냥한 매너가 좋았다. 우리는 자질구레한 경험들을 주고받았다. 그런데 어느 날 그가 체커 게임을 하자고 했다. 그때 체커 판 위에 말들을 정렬하다가 나는 불구가 된 그의 오른손을 보고 깜짝 놀랐다. 길이로 잘려 뿔 모양의 세 손가락만 남은 모습이 마치 닭발 같아 보였다. 내 눈앞에 그가 잘린 손을 내보일 때까지 내가 그걸 알아채지 못한 것에 대해 부아가 치밀었다. 아마도 나의 관찰력에 대한 믿음이 흔들렸기 때문이리라.

그때부터 나는 주변 사람들을 주의 깊게 살피기 시작했다. 그 결과는 경악할 만한 것이었다. 하나 걸러 한 명씩 어느 부분이건 상하지 않은 이가 없는 것 같았다. 팔이 하나뿐인 사람도 있었다. 다리를 저는 사람들도 있었다. 한 젊은 친구는 목발을 하고 있었다. 그것은 마치 그 사람들 대부분이 자신의 일부를 떼어 주고 기계의 날카로운 이빨로부터 간신히 벗어난 것 같았다. 이런 표현이 과장된 것임은 나도 안다. 그래서 나는 식사 시간에 사람들이 운동장에 모여 줄을 서 있을 때 장애인의 수를 세기 시작했다. 나는 곧 숫자를 헤아리는 것이 어디까지 갈 것인지 감지했다. 나의 결론은 통계적 추론을 뛰어넘었다. 수용소의 우리는 곧 인간 쓰레기 더미였던 것이다.

나는 떠돌이 동료들을 인간 물체로 평가하기 시작했다. 그리고 내 생애 처음으로 얼굴을 의식하게 되었다. 특히 젊은 친구들 중에는 일부 선량한 얼굴도 있었다. 그러나 손상되고 찌든 얼굴이 대부분이었다. 주름진 얼굴과 부은 얼굴, 씨를 뺀 건포도같이 거친 얼굴도 보였다. 어떤 이의 코는 자주색에다 부어올라 있었고, 어떤 코는 찌그러져 있었으며, 털구멍이 확대되어 움푹 들어간 코도 있었다. 이빨이 없는 사람도 많았다. 그들을 보며 나 자신에 대한 자기 비하는 사라졌다. 나는 실질적으로 모든 이들에 관한 본질적인 사실 몇 가지를 알게 되었다. 200명 중 70명만이 겉보기에 멀쩡하다는 것도 그 사실들 가운데 하나였다.

분명 우리들의 정신 구조와 생존 방식 사이에 연관 관계가 있는 것 같았다. 우리 대부분은 적응 불능자였다. 우리가 안정적 직업을 접한다는 것은 서로 충돌하는 것을 의미할 뿐이었다. 일부는 장애인이 되었고, 일부는 겁에 질려 달아났고, 일부는 술에 빠졌다. 확인된 알코올 중독자만도 60명에 달했다. 우리는 불가피하게 저항이 가장 적은 쪽, 곧 길 위에 떠도는 쪽을 택하기 마련이었다. 우리는 질서

잡힌 사회의 하수구 속에 놓여 있었다. 정상적이고 안정된 것의 반열에 발을 들여놓을 수가 없어, 현재의 생존 방식과 같은 수렁으로 빠져든 것이었다. 그러나 세상에는 구미가 당길 만한 일거리가 분명히 있을 것이라는 생각이 들었다. 그 맛을 알면 우리도 거기에 매달리고 불안정한 생활을 영원히 청산할 수 있을 것 같았다.

수용소 생활은 약 4주 동안 계속되었다. 그러다가 나는 마을로부터 멀리 떨어지지 않은 곳에서 건초 일을 구했다. 뜨거운 바람이 불기 시작하는 4월에 마침내 나는 침낭을 어깨에 메고 산베르나르디노^{San Bernardino}로 가는 고속도로에 올랐다. 인디오^{Indio}를 빠져나오던 아침에 새로운 구상이 나를 사로잡았다. 인디오에서 갈라져 나온 고속도로는 대추야자 숲과 그레이프프루트 과수원, 무성한 알팔파 농장을 통과했다. 그러고는 갑자기 하얀 모래의 사막으로 들어갔다. 농장과 사막을 가르는 경계는 아주 분명했다. 하얀 사막이 농장으로 바뀌는 것이 나에게는 마술 같았다. 그리고 문득 이것이 바로 수용소에 있는 사람들도 뛰어들어 볼 만한 과업이라는 생각이 들었다. 그들은 평균적인 미국인의 기술과 능력을 지니고 있었다. 그러나 그들의 에너지는 기적적인 면을 지닌 웅장한 과업에 의해서만 촉발될 수 있을 것이다. 그러므로 사막을 꽃피우게 하는 개척자적인 과업은 그들의 욕구를 충족시켜 줄 것이다.

개척자로서의 떠돌이? 그건 부조리한 생각 같았다. 그러나 하얀 사막을 걸어서 건너면서 나는 그런 구상에 골몰했다. 개척자들이 누구던가? 집을 떠나 황야로 들어간 이들이 누구이던가? 안락한 곳을 떠나 일부러 고난을 찾아가는 인간은 드물다. 성공을 거둔 사람은 제자리에 안주하는 것이 보통이다. 거주의 변화는 일반적으로 뿌리가 뽑히는 고난이다. 그렇다면 누가 황야와 미지의 것을 찾아 떠나겠는가? 파산한 이후에 결코 대단한 뭔가가 될 수 없었던 사람들과 능력은 있지만 너무 충동적이어서 일상의 고된 노동을 견디어 내지 못하는 사람들, 술이나 도박, 여자 등 주색잡기의 노예가 되어 버린 사람들, 법을 피해 다니는 도망자와 전과자 등 성공하지 못한 사람들일 것이다. 마지막으로 모험을 찾아가며 즐기는 청년과 중년이 드물게 있을 것이다. 지금 떠돌이 노동자와 부랑자 대열에 합류해 줄을 설 것 같은 타입의 사람들이 이전 시대에 태어났더라면 아마도 개척자의 대다수를 이루었을 것이다.

그것은 새로운 나라를 세울 때에도 거의 예외 없이 그랬을 것이다. 전과자들은 오스트레일리아의 정착 과정에서 선도적 역할을 했다. 러시아의 유배자와 죄수들은 시베리아로 보내졌다. 미국에서도 개척 시대 초기와 그 이후에 정착한 사람들 가운데 많은 수가 실패자나 도망자, 흉악범이었다. 예외가 있다면 종교적 열정에 자극받은 개척자들뿐이었다.

떠돌이와 개척자 사이에 그런 친족적인 유사성이 있다는 사실은 내 마음을 사로잡기에 충분했다. 그 후 몇 년 동안 떠돌이나 개척자를 서로 연관짓지 않고 표면적으로 관찰해 왔던 내용과 그런 사실이 내 머릿속에 뒤엉켜 있었다. 그로 인해 나는 그때까지는 아무 관심도 갖지 않았던 주제들에 대해 깊은 생각을 하게 되었다. 나는 인간이 유례없는 존재라는 근본적인 문제에 부딪혔다. 다른 형태의 생명들을 지배하는 패턴과는 대조적으로 인간이라는 종의 경우 약자가 살아남을 뿐 아니라 강자를 이길 때도 있다. "주님은 힘센 자를 멸하기 위해 세상의 약한 것들을 선택했다."는 바울^{St. Paul}의 과장된 말에는 냉정한 현실주의가 존재한다. 약자 속에 내재하는 자기혐오는 일상적인 생존 경쟁에서 유발되는 것보다 훨씬 더 강력한 에너지를 드러낸다. 약자들에게서 분출되는 강렬함은 말하자면 그들에게 특수한 적응력을 부여해 주는 것이다. 약자의 감화력에서 퇴폐나 퇴행으로 이어지게 될 속성을 보았던 니체나 D. H. 로렌스와 같은 이들은 중요한 핵심을 놓치고 있다. 인간을 유례가 없는 종일 수 있게 해주는 것은 바로 그 약자들의 특이한 역할이다. 따라서 인간의 운명을 한 형태로 결정짓는 데 약자가 하는 지배적 역할을 자연적 본능과 원초적 충동의 도착 행위가 아니라, 인간으로 하여금 자연과 결별하고 자연을 능가하게 만드는 일탈의 출발점으로 — 퇴행이 아니라 새로운 질서 창조의 산출로 — 보아야 할 것이다.

오브라이언이라는 이름은 대단해

군중 속에서 창조의 정점에 다다르다

　엘센트로의 임시수용소에 머물렀던 4주일간은 내 일생에서 가장 생생하게 기억되는 기간이었다. 무수한 얼굴들과 목소리까지도 기억에 선명했다. 그 전이나 이후에도 내 마음이 그처럼 경쾌하고 풍요로웠던 적이 결코 없었다. 홀로 있을 때가 창조의 정점에 있는 것이라고 믿으며 나는 일생을 살아왔다. 그러나 실제로 나의 중요한 구상의 대부분은 내가 군중 속에 휩쓸려 있을 때 태어났다. 내가 처음 쓴 최고의 저서가 거의 완전한 고립 상태에서 나왔다는 것은 분명한 사실이다. 그러나 그 저서에서 고심하며 마무리한 구상들은 고립에서 나온 것이 아니었다.

수용소에 있는 동안 내 입에서 흘러나온 말은 굉장한 힘을 발휘했다. 내가 입만 열면 사람들은 내 주위로 몰려들었다. 나는 사소한 경험도 매력적인 이야기로 바꾸어 버릴 수 있다는 것을 확인했다. 또한 나는 리듬에 천부적인 재능이 있다는 것도 알게 되었다. 수용소에는 세계 곳곳에서 벌인 여성 편력을 자랑하며 허풍을 치는 오브라이언이라는 이름의 전직 선원이 있었다. 나의 시 「오브라이언이라는 이름은 대단해」는 캘리포니아 민요의 일부가 되었다.

난 숙녀들을 많이 만났지
동에서도 서에서도
어떤 애는 별로였고
어떤 애는 최고였지
숙녀들 모두를 가졌네
애쓸 필요도 없이
단지 내 이름이
오브라이언이기 때문에

멕시코의 숙녀들에게
나는 카바예로
나는 오브레곤
기사에다 영웅이라네

그들은 가진 것을 모두 주었네
정말 풍만하지
내 이름으로 그들은
대통령을 연상하지

프랑스의 숙녀들에게
나는 손을 흔드네
그리고 내 소개를 하지
무슈 오브리앙이라고
나는 원하는 건 모두 얻을 수 있어
내 이름으로 그들은
국무장관을 연상하지

폴란드의 숙녀들에게서
나는 장땡을 잡았네
내 모습을 보면
진짜 폴락이지
그녀는 자기 이름을 내게 말해 주네
안나 로빈스키라고
나도 내 이름을 말해 주지
요세프 오브린스키라고

러시아의 숙녀들은

가슴이 풍만하고 터프하네

멱살을 잡고 남자를 들어 올리고

허리를 꺾을 수도 있다지

하지만 내게는 상냥하네

지극하고 수줍음도 잘 타지

나는 오브라노비치,

진짜 맥코이니까

　　수용소 책임자는 우리가 보드빌 쇼를 공연한다고 생각했다. 나는
거의 노타임으로 노래와 춤, 유쾌한 촌극을 곁들인 멋진 보드빌 쇼
를 기획했다. 아직도 나는 그 대사와 노래를 대부분 기억하고 있다.
남자가 가슴이 풍만한 여자에게 기타를 치며 세레나데를 바치는 촌
극이었는데, 가사는 경쾌한 이탈리아 음악에 맞춘 것이었다.

당신은 꽃

나는 벌

당신은 컵

나는 차

일은 나의 것

보수는 당신 것

권력은 당신 것

애원은 나의 것

나는 다이버

당신은 바다

나는 클라이머

당신은 나무

일은 나의 것

보수는 당신 것

권력은 당신 것

애원은 나의 것

이 밖에 또 다른 인기 프로그램으로 부랑자의 유래에 관한 독일인 교수의 만담식 강의가 있었다. 나는 아무한테도 도움을 받지 않고 모든 쇼를 혼자 진행했다. 그리고 내 머리는 언제나 새로운 생각들로 분주하게 움직였다. 나는 그 무렵에 글쓰기도 배우고 있었다. 그러나 새로운 재능과 기교를 이용해 한몫 잡겠다는 생각이 들지는 않았다. 나는 새로 시작한 경력을 이용해 아주 호화롭게 산다거나 새로운 재능을 화려하게 구사해 볼 마음이 전혀 없었다.

수용소를 떠날 때 나는 내적으로는 새로운 사람이 되어 있었다. 그러나 외적으로는 여전히 캘리포니아 한쪽 끝에서 다른 끝으로 일거리를 쫓아다니는 떠돌이 군단의 일원이었다. 농장에서 일하고 주변 사람들과 이야기를 나누는 중에도, 적응 불능자가 인간 사회에서 맡는 특이한 역할에 대해 골똘히 생각한 뒤 내 머릿속에 숨어 있던 문장으로 그것을 끌어낼 수 있다는 것만으로도 나는 행복한 사람이라 할 수 있을 것 같았다. 그리고 인생이 아름답게 느껴졌다.

<u>Hope</u>

Despair and misery are static factors. The dynamism of an uprising flows from hope and pride. Not actial suffering but the hope of better things incites people to revolt.

절망과 고통은 정태적인 요소이다. 상승의 동력은 희망과 긍지에서 나온다. 인간들로 하여금 반항하게 하는 것은 현실의 고통이 아니라 보다 나은 것들에 대한 희구이다.

인간과 개의 상호작용

인간과 개의 상호작용을 보다

　내가 처음 임페리얼 계곡에 머물렀던 시기는 떠돌이 노동자로서의 충실한 생활이 시작되던 시기였다. 캘리포니아 한쪽 끝에서 다른 끝까지 화물 열차를 타고 다니는 생활을 시작한 장소가 바로 그곳이었던 것이다. 나의 일상은 세상에서 가장 안정된 직업을 가진 사람처럼 반복적이고 단조로웠다. 나는 채광업자에게 투자할 충분한 돈을 모을 때까지 봄에 사탕무를 솎아 내는 일로부터 시작해서 7월부터 10월까지 과일과 채소를 수확하는 고정된 사이클을 따라 이동했다. 새크라멘토에서 한 주머니의 사금과 바꾼 돈은 내가 넉 달 동안 독서와 저술, 연구에 전념할 수 있게 해 주었다. 금을 찾는 모험적인 생활에 대한 생생한 기억은 없다. 그런 생활에 대한 기억은 금과는 별로 관계가 없다. 금을 넉넉하게 찾은 적도 없었다. 사금을 씻어 내던 넉 달 동안의 일상은 고된 노동의 단조로운 연속이었다. 내가 가진 기억은 모두 사람들과의 만남에 관한 것이었다. 되돌아보면 생각하고 저술하는 생활이 금을 찾는 일보다 내게 놀라운 일들을 더 많이 가져다주었다.

금을 찾던 생활 가운데 가장 생생한 기억은 필 하트위크^{Phil Hartwick}와 관련된 것이다. 그는 플래서빌^{Placerville}의 북쪽에 위치한 협곡에서 배와 사과, 감자를 재배하는 사람이었다. 그때 나는 채산이 맞는 채광지에서 사금을 씻었지만 운이 없어 시즌 초에 돈이 떨어졌다. 그러던 어느 일요일 아침에 캐미노^{Camino}와 플래서빌 사이의 고속도로에서 푸른 가슴받이가 달린 작업복 차림의 농부가 모는 픽업 트럭이 내 옆에 멈추었던 기억이 생생하다. 그는 트럭 뒤에 기름 한 드럼만 싣고 있었다. 그는 나에게 일자리를 찾고 있느냐고 물었고, 난 빈털터리라고 대답했다.

"배나무에 농약을 쳐 본 적이 있소?"

"아뇨."

"당신은 바로 내가 찾던 사람이오. 배나무에 농약을 쳐 본 적이 없는 사람을 찾았지. 그래야 내가 시키는 대로 하거든."

그는 제7일안식일예수재림교 교도였다. 그는 일요일에도 일하고, 고기를 먹지 않았다. 대신 우유를 넣고 끓인 곡식 가루를 먹었다. 마당의 나무에 묶여 있는 그 집 개도 곡식 죽과 푹 끓인 사과를 먹었다.

　나는 첫 품삯을 받을 때까지 그 농부와 함께 식사를 해야 했기 때문에 곧 그의 독특한 식사 방식을 알게 되었다. 그는 한 숟가락을 뜨고 나서 곧 접시를 핥곤 했다. 마지막 한 숟가락을 뜰 때쯤이면 접시는 깨끗해져 있었다. 첫날 저녁 식사를 마치자 그는 나에게 자기 집 개에게 곡식 죽이 담긴 접시를 갖다 주라고 했다. 먹을 것을 갖다 주는데도 개는 나에게 누런 이빨을 드러내며 무섭게 으르렁거렸다. 나는 접시를 땅에 내려놓고 발로 개 쪽을 향해 밀어 주었다. 나는 개가 곡식 죽을 먹는 모습을 지켜보았다. 그런데 그때 생전 처음 보는 놀라운 일이 벌어졌다. 개는 한 입을 삼킨 뒤 다시 한 입을 삼키는 것이 아니라 주인처럼 접시를 핥는 것이었다. 개가 접시에서 입을 떼었을 때 접시는 깨끗해져 있었다. 개도 주인처럼 고기를 먹지 않는 것이 아닐까 하는 생각이 들었다. 그 농부에게 물어보고 싶었지만 선뜻 말문이 열리지 않았다. 그러던 어느 날 밤 농부가 새크라멘토에 가 있는 동안 확인할 기회가 있었다. 믿을 수 없겠지만 그 개는 내가 코앞에 던져 준 튀긴 베이컨을 건드리지도 않았다. 나는 개에게 끓인 곡식 가루 죽과 푹 끓인 사과를 주어야 했다. 나는 아직도 어떻게 개의 식성이 바뀌었는지 불가사의할 뿐이다. 돼지고기를 먹지 않는 유대교도의 개를 보는 것 같았다. 한 인간과 그가 기르는 개 사이의 상호작용은 삶의 미스터리 가운데 하나이다.

자두 농장의 이탈리아인들

자두 농장에서 생긴 일

자두 따는 시즌의 어느 여름날 아침에 나는 일찌감치 서둘러 힐즈버그Healdsburg라는 조용한 작은 마을을 찾아갔다. 시간이 일러서 사람들이 아직 잠에서 깨어나지 않은 것 같았다. 전해 들은 자두 농장의 위치를 알려 줄 사람을 찾았지만 아무도 눈에 띄지 않았다. 나는 조그만 광장의 벤치에 침낭을 내려놓았다. 그때 하얀 수염의 노인이 나타났기에 그에게 물었다. 그는 서툰 영어로 더듬거리며 나에게 말했다.

"당신 자두 따는 일 원하는 거. 아니야. 힘들고 지저분한 일. 여기 자두 농장의 일거리를 주지. 자두 씻는 일. 쉬운 일, 좋은 보수."

그는 나를 마을 외곽의 한 농장으로 데려갔다. 그곳에서는 한 무리의 이탈리아인들이 그날 할 일을 준비하고 있었다. 그들은 잿물 수조 속으로 자두 자루들을 쏟아 넣었다가 다시 자두를 햇볕에 말리기 위해 건조판 위에 자두를 고르게 펴 널었다. 내 파트너는 장난기 있는 눈과 비비 꼬인 콧수염의 야윈 이탈리아인이었다. 그는 새 카키색 셔츠를 말쑥하게 입고 있었다. 공기가 아직 차가웠기 때문에 나는 겹으로 된 상의를 입고 있었다. 건조판은 대략 45kg쯤 나갔는데, 그것을 운반차에 18개씩 쌓았다. 땀이 나기 시작하여 나는 상의를 벗었다. 힘든 일은 아니었지만 숨을 돌릴 여유가 없었다. 나는 곧 셔츠도 벗었다. 낮에는 기온이 끝없이 오를 것 같았다. 내가 견뎌낼 수 있을까? 나는 내 파트너를 쳐다보았다. 그는 아주 시원해 보였다. 새 셔츠에는 땀이 밴 흔적이 없었다. 그는 마치 놀이를 하듯 일을 처리해 나갔다.

모두들 나를 지켜보고 있었다. 나는 곧 주변에서 어떤 이상한 일이 벌어지고 있음을 깨달았다. 그들은 증권 시장에서 중개인들이 수신호를 하듯이 손가락으로 신호를 주고받았다.

그들은 웃으면서 아주 빠르게 잡담을 하고 있었다. 내 파트너는 콧노래를 부르면서 자기 동료들에게 윙크를 했다. 지금 벌어지고 있는 일이 나와 관련된 것이 분명하다는 생각이 들었다. 나의 정신적 능력에 대한 신뢰가 정당화되려면 나는 그게 뭔지 알아낼 수 있어야 했다. 나는 내 파트너를 주의 깊게 살폈다. 그는 어떻게 일을 그처럼 쉽게 할 수 있는 것일까? 그는 체구가 내 몸의 반밖에 되지 않았고, 힘도 내가 두 배나 강했다. 바로 그때 나는 속으로 쾌재를 불렀다. 그가 건조판을 자기 가슴 쪽으로 당기는 대신에 엄지손가락을 그 밑으로 넣어 내 쪽으로 밀고 있는 것을 보았던 것이다. 신은 그를 내 손아귀 속으로 넘겨주었다. 그는 자기에게 무슨 일이 닥쳐올지 모르고 있었다. 나는 온 힘을 다해 건조판을 그에게로 밀었다. 그러자 그는 곧 뒤로 밀리며 비틀거렸고 물에 젖은 자두들이 그에게로 굴러떨어졌다. 그의 새 셔츠는 엉망이 되었고 동료들은 박장대소를 했다. 내 파트너는 엉망이 된 옷을 털면서 뭐라고 악담을 하고 있었다. 나는 다가가 그를 도우며 진심으로 사과를 했다.

우리는 다시 일로 돌아갔다. 내 파트너는 셔츠를 벗었고 나는 셔츠를 다시 입었다. 조금씩 내 눈앞에서 벌어지고 있던 드라마는 그렇게 해서 그 불온한 성격을 드러내게 되었다. 이탈리아의 같은 지역에서 이주해 온 그들은 힐스버그 주변에 정착하여 여유 있고 풍족한 생활을 하고 있었다. 그들은 집과 약간의 땅을 소유하고 있었고, 그 땅에서 과일과 채소를 재배하거나 닭, 젖소를 키웠다. 그들은 포도주도 직접 담갔다. 여름에는 자두 농장에서 가외로 수입을 올렸다. 누구나 바라는 만족스러운 생활이었다. 술에 빠진 사람도 별로 없었다. 그러나 그런 생활이 좀 단조로웠는지 그들은 자극적인 소일거리를 궁리해 냈다. 자두 씻는 시즌 동안 매일 그들은 외지인 떠돌이를 한 사람 데려와 건조판 쌓는 일을 시켰다. 그러고는 외지인이 얼마나 견디다 분통을 터트리는지에 모두들 돈을 걸었다. 돈 거는 데에도 교묘한 시스템이 있었고 많은 액수의 돈이 오갔다.

나는 화를 내지 않고 시험을 통과했기 때문에 특별 대접을 받았다. 사람들은 나에게 악수를 청하고 등을 두드려 주었다. 점심시간에는 이탈리아 요리로 배를 채웠다. 저녁때 나는 그들이 품삯을 받는 날까지 머물 방과 레스토랑의 식사 티켓까지 마련해 둔 것을 알게 되었다. 그들은 나를 자기 가족의 일원으로 여겼다. 나는 그들의 호의와 우정으로 인해, 심술궂은 무리 앞에서 무기력한 인간이 분통을 터트리는 불쾌한 광경을 타락의 한 예로 받아들이지 않을 수 있었다.

스틸턴 박사와의 만남

식물학에 빠져들다

독학 과정에서 나는 몇 가지 이유로 동물학과 식물학은 멀리했다. 나는 화학과 물리학, 광물학, 수학, 지리학에 관한 책은 제법 읽었지만, 내 주변의 동물과 식물을 정밀한 과학적 탐구의 대상으로 삼기에는 너무 복잡할 것 같았기 때문이다. 그러나 사소한 사건이 마침내 나를 식물학의 세계 속으로 열정적으로 빠져들게 했다.

나는 닐스^{Niles}에 있는 묘포장에서 해마다 몇 주씩을 보내곤 했다. 성장의 향기가 밴 온실의 촉촉한 공기가 좋았기 때문에 어느 해인가 토마토 모종을 마분지 상자에 옮겨 심는 일을 하게 되었는데, 나는 그 일이 너무 따분해서 오래 견딜 수 있을 것 같지 않았다. 그런데 어느 날 오후에 배지로부터 모종의 잔뿌리를 떼어 내고 있을 때, 문득 왜 모종의 뿌리는 아래로 자라고 줄기는 위로 자라는가 하는 의문이 들기 시작했다. 그것은 내가 왜 숨을 쉬고 잠을 자는가 하는 질문처럼 극히 단순한 것이었다. 나는 누군가가 그런 의문을 품은 이가 있을 것이고, 해답도 찾았을 것이라는 확신이 들었다. 그리고 식물학에 관한 책이라면 어떤 것이든 나에게 그런 정보 정도는 제공해 줄 것 같았다. 나는 바로 그 해답을 알고 싶었다. 나는 사무실로 가서 내 품삯을 챙겨 받고는 산호세^{San Jose} 근처로 가는 화물 열차를 잡아탔다.

도서관에는 식물학에 관련된 책이 몇 권 있었다. 나는 그중 가장 두꺼운 책을 집어 들었다. 그것은 독일어를 번역한 스트라스부르거^{Strassburger}●의 저서였다. 나는 거처를 정하고 접시 닦는 일자리를 구한 뒤 책을 읽기 시작했다.

책 읽기는 쉽지 않았다. 문장이 온통 라틴어와 그리스어로 이루어졌기 때문이었다. 사전들도 별로 도움이 되지 않았다. 포기할 생각이었는데, 그때 엉뚱한 기회가 내 어려움을 해결해 주었다. 어느 날 나는 도서관 근처에 있는 서점의 헌책 서가에서 책을 뒤지고 있었다. 그때 염가본 장정의 얇은 책 한 권이 내 손에 잡혔다. 그것은 베

● 스트라스부르거(Eduard Strassburger, 1844~1912): 독일의 식물학자. 1885년부터 1877년까지 식물의 유사분열과 감수분열을 처음으로 발견해 냈다. 이는 동물의 염색체를 발견한 발테르 플레밍(Walter Flemming, 1843~1905)의 연구에 필적할 만한 성과로 평가받고 있다. 공저 『스트라스부르거의 식물학 교본』(1894)이 있다.

를린 농과대학에서 식물학을 가르치는 뮤헤^{Muehe} 교수의 독일어판 식물학 용어 사전이었다. 그 책은 나를 실망시키지 않았다. 나는 그 책을 통해 각 용어의 의미와 어원을 알 수 있었다. 추가로 거기에는 유명한 식물학자의 간략한 전기와 식물학 연구 기관에 대해 소개한 내용이 수록되어 있었다. 나는 그 책에 애착이 갔다. 모든 답을 알고 있는 마법의 신탁이라도 되는 것처럼 애지중지했다. 그래서 열정적인 몰두가 끝난 뒤에도 그 책을 배낭 속에 넣고 다녔다. 몇 년 뒤 나는 그 책과 결별했는데, 그 과정이 좀 드라마틱했다. 그 일은 화물 열차 위에서 벌어졌다. 나는 식물학과 무관한 어떤 생각에 빠져 있었는데, 내 능력으로는 그 문제를 풀 수 없을 것 같은 장벽에 부딪혔다. 내가 그 문제를 푸는 데에는 엄청나게 힘든 사고 과정이 필요할 것 같았다. 그때 내 손이 저절로 배낭 속의 뮤헤의 신탁으로 뻗치는 것을 보았다. 순간 나는 답을 알고 있는 누군가가 내 곁에 있었다면 그 같은 나의 행동이 힘든 생각을 회피하려는 수작임을 알아차렸을 것이다. 그런 경우 나는 진정한 사상가가 될 수 없었다. 그것은 받아들이기 싫은 불쾌한 발견이었다. 나는 그 책을 바람 속으로 던져 버렸다.

다른 범주의 과학과는 달리 식물학은 내가 스트라스부르거의 저서를 통달한 뒤에도 내 머리를 떠나지 않았다. 나는 식물의 내부에서 무슨 일이 일어나고 있는지에 대한 생생한 지식을 갖고 있었고, 따라서 작물에 문제가 생겼을 때 농부들에게 충고를 해 줄 수 있었다. 동시에 식물학에 대한 내 관심은 나를 매력적인 새로운 일 속으로 뛰어들게 해 주었다.

백화 현상을 해결하다

사금 씻는 일로 수확철이 돌아올 때까지 생계를 유지할 수 있었지만, 나는 버클리에서 겨울을 보내며 파트타임 웨이터 보조로 가외의 돈벌이를 하고 있었다. 내가 스틸턴Stilton 교수를 만난 것은 그때였다. 어느 날 나는 테이블 위의 빈 접시들을 치우다가 훤칠한 키의 나이 든 남자가 두 권의 두꺼운 책을 나란히 펼쳐 놓고 거기에 얼굴을 파묻고 있는 모습을 보게 되었다. 그는 숨을 죽이며 분통을 터트리는 듯한 어투로 낮게 중얼거렸다. 나는 재미 삼아 내가 도울 일이 없느냐고 물었다. 그는 놀란 눈으로 나를 올려다보고는 싱긋 웃었다. 그는 잎의 백화 현상에 관한 독일어 책을 읽고 있었다. 다른 두꺼운 책은 독영사전이었다. 그는 분통을 터뜨리며 말했다.

"독일어란 악마의 발명품이야. 나는 몇 시간 동안 단 한 문장의 뜻을 알려고 애를 쓰고 있네. 페이지 첫 줄에서 시작하여 다음 페이지의 마지막 줄에서 끝나는 게 한 문장이라고. 끝에 다다를 때면 처음을 잊어버리게 되는 거지. 그런데 공교롭게도 이 괴물 같은 문장에 중요한 정보가 들어 있단 말이야. 나는 그 정확한 의미를 알아야 해. 사전은 별로 도움이 되지 않네."

나는 그에게 내가 독일어를 알고 있고, 기꺼이 내 손으로 그 문장을 번역해 보겠다고 말했다. 교수는 웃으며 책 위로 종이와 연필을 넘겨주었다. 나는 쉽게 그 독일어라는 통나무를 난로에 집어넣을 수 있는 장작으로 쪼개 주었다. 그는 내 솜씨가 믿기지 않는다는 눈치였다. 그러나 곧 그는 다시 웃으며 솔직하게 이야기해 주었다.

그는 캘리포니아 대학교 감귤연구소의 소장이었다. 당시 그의 연구소는 캘리포니아 남부의 레몬 재배 지역에 출현한 어떤 질병의 연구에 관여하고 있었다. 나뭇잎이 얼룩얼룩해지다가 결국 누렇게 뜬 채로 떨어져 버리는 질병이었다. 되풀이되는 백화 현상으로 레몬 수확은 엄청나게 줄어들었다. 그의 연구소는 좋은 일을 하고 있었다. 소장인 그가 잎의 백화 현상에 관한 일반적인 문헌들을 섭렵하는 것은 당연한 일이었다. 문헌은 방대했고 대부분이 독일어로 쓰여 있었다. 그가 나에게 자신의 연구소에서 일할 생각이 없느냐고 물었다. 나는 기껏해야 온실의 묘포 인부로 고용될 테지만 실제로는 독일어를 번역하는 일이 주어질 것 같았다. 나는 그의 제안을 기쁘게 받아들였다. 나는 번역하는 일뿐 아니라 백화 현상에 관한 문헌에도 몰입해 볼 생각이었다. 아마 그 해결책을 찾아낼지도 모를 일이었다. 나는 내 독창성에 대한 확신이 있었다. 나는 그에게 내가 독학으로 식물학을 연구한 이야기를 해 주었다. 그래서 나는 대학 연구소의 일원이 되었다.

나는 그때까지 연구소의 연구 성과를 알아보았다. 그 결과 레몬을 재배하는 농부나 식물학자가 모두 백화 현상이 수분의 부족 때문에 생긴다고 믿고 있는 것으로 드러났다. 레몬 나무들이 필요한 수분을 모두 흡수하고 있었으므로 대량으로 뿌린 화학비료의 어떤 유독성 불순물이 뿌리의 작용에 해를 끼친다고 추정하고 있었던 것이다. 따라서 해야 할 일은 나무 주위의 흙을 정화시키는 것이었다. 그러나 곧 흙을 정화하는 것이 치유책이 되지 못한다는 것이 입증되었다.

그때 뮤헤의 사전이 내 손에 들어온 것처럼 엉뚱한 우연에 의해 나는 그 해결책을 찾을 수 있었다. 흙 속에 남아 있는 극소량의 붕소도 백화 현상을 일으킬 수 있다는 구절을 읽은 기억이 났던 것이다. 그래서 나는 질산염 비료를 나트륨 질산염이 아니라 칼슘 질산염의 형태로 해서 주면 칼슘이 붕소와 결합하여 불용성 화합물이 되고, 따라서 뿌리에 해를 끼치는 성분들을 중화시킬 수 있다는 결론을 얻게 되었다.

나는 들뜬 기분으로 교수에게 달려가 나의 예감을 이야기해 주었다. 농담 삼아 나는 "빨리 레몬 재배농에게 전화해 보세요. 칼슘 질산염을 써 보고 결과가 어떻게 나오는지 살펴보라고 말이에요"라고 말했다.

그는 웃으며 재미있다는 듯이 나를 쳐다보며 말했다.

"자네가 알아냈단 말인가? 당장 그렇게 하지."

그리고 곧 그는 전화를 걸었다.

결과가 나오기까지 며칠이 걸렸다. 그러던 어느 날 스틸턴 박사가 나에게 달려왔다. 그는 활짝 웃으면서 두 팔로 나를 껴안으며 고함을 질렀다.

"됐어! 우리가 백화를 잡았어!"

그는 연구소라도 나에게 넘길 태세였다. 그러나 나는 본능적으로 아직 내가 정착할 때가 아니라는 것을 알고 있었다. 나는 다시 길 위로 돌아갔다.

Language

Language was invented to ask questions. Answers may be given by grunts and gestures, but questions must be spoken. Humanness came of age when man asked the first question. Social stagnation results not from a lack of answers but from the absence of the impulse to ask questions.

언어는 질문을 하기 위해 창안되었다. 대답은 투덜대거나 제스처로 할 수 있지만 질문은 반드시 말로 해야 한다. 사람이 사람다운 것은 첫 질문을 던졌던 때부터였다. 사회적 정체는 답이 없어서가 아니라 질문을 할 충동이 없는 데에서 비롯된다.

누구든 혼자 힘으로

마리오, 몽테뉴의 에세이에 빠지다

떠돌이 노동자들은 무리 지어 생활을 하거나 함께 여행을 하기도 하지만 그들의 슬로건은 비즈니스맨과 마찬가지로 '누구든 혼자 힘으로'이다. 떠돌이들이 영원한 우정을 이루는 경우는 드물며, 특히 자신들의 수입을 공동으로 출자해 관리하는 경우는 거의 없다. 한 동안 나는 그런 드문 경험을 한 적이 있었지만, 그러기 위해서는 그런 일이 일어나게 할 상황들의 환상적인 결합이 필요하다. 그런 것이 가능했던 것은 내가 몽테뉴Montaigne의 에세이를 접했기 때문이다.

나의 독학은 내가 사금을 채취하고 있을 때 눈에 띄게 진전되었다. 공부하고 생각하고 글쓰기를 익힐 시간이 있었기 때문이다. 어느 해 나는 산 위로 올라가야 했는데, 쌓인 눈에 오랫동안 발이 묶일 것 같은 예감이 들었다. 그래서 일이 없는 동안에도 시간을 허비하지 않기 위해 읽을거리를 충분히 준비하기로 했다. 나는 1,000페이지 정도의 두꺼운 책을 사기로 마음먹었다. 두껍고 활자가 작고 그림이 없으면 어떤 책이건 상관없었다. 나는 헌책방에서 그런 책을 찾아 1달러를 주고 샀다. 제목에 눈을 돌린 것은 책값을 치르고 난 뒤였다. 표지에는 『미셸 몽테뉴의 수상록 *Essays of Michel de Montaigne*』이라고 적혀 있었다. 에세이가 무엇인지는 알고 있었지만 몽테뉴에 대해서는 아무것도 아는 것이 없었다.

눈에 발이 묶일 것이라는 내 예감은 적중했다. 나는 그동안 몽테뉴를 3번이나 읽어 거의 외울 정도가 되었다. 나보다 수백 년 전에 태어난 프랑스의 귀족이 쓴 책이었지만 읽는 동안 내내 나는 그가 나에 관해 쓴 것 같다는 느낌이 들었다. 나는 모든 페이지에서 나 자신과 마주쳤다. 그는 나의 내면에 잠재된 깊숙한 생각들을 알고 있었다. 그 책의 언어는 정확했고 거의 격언에 가까웠다. 나는 훌륭하게 다듬어진 문장 속에서 독특한 매력들을 발견했다. 샌호아퀸 계곡으로 돌아갔을 때 나는 입만 열면 몽테뉴를 인용하곤 했다. 동료들도 좋아했다. 여자나 돈, 동물, 음식, 죽음 등 어떤 것에 대해서건 논쟁이 벌어지면 그들은 "몽테뉴는 뭐라고 말했나?"라고 물을 정도였다. 책에 대한 이야기가 나오면 나는 그 구절을 정확하게 찾을 수 있었다. 지금도 샌호아퀸 계곡을 오르내리는 떠돌이 노동자들 가운데 몽테뉴를 인용하는 이들이 있다고 해도 그리 놀랄 일은 아닐 것이다. 특히 마리오^{Mario}라는 자그마한 이탈리아인은 내가 몽테뉴를 인용할 때마다 귀를 기울였다. 한번은 그가 나에게 멋쩍어하며 몽테뉴의 어떤 구절을 읽어 달라고 했다.

우리는 목화를 따고 있었고 노천에서 생활하고 있었다. 어느 날 저녁에 내가 먹을 것을 사기 위해 가게로 가고 있을 때 그가 나의 소매를 끌며 머리를 가로저었다.

"그건 좋지 않아요. 난 요리를 잘해요. 나와 함께 식사해요."

그는 간이 화로를 갖고 있었는데, 그 자리에서 내가 결코 잊을 수 없는 요리를 해 주었다.

그래서 매일 저녁마다 나는 요리 재료들을 샀고, 그는 요리를 했다. 나는 그가 힘든 하루 일을 마치고 요리를 해야 하는 것이 마음에 걸렸다. 그래서 그에게 말했다.

"마리오, 당신과 나는 파트너야. 이제부터 당신은 정오에 일을 마치고 요리하러 가요. 그동안 내가 나머지 일을 하겠어요. 품삯은 같이 나누고."

그리하여 나에게는 호사스러운 식도락이 시작되었다. 그는 인근의 이탈리아 농부들로부터 맛있는 것들을 구해 왔다. 우리에게는 와인과 브랜디, 심지어 시가도 있었다. 그는 저녁 식사를 축제로 만들었다. 오렌지 상자를 테이블로 삼고 깨끗한 타월을 테이블보로 썼다. 그는 내가 일터에서 돌아오기 전에 혼자 식사를 하고는 웨이터가 레스토랑에서 손님에게 하듯이 내게 서빙을 했다. 식사가 끝나면 시가에 불을 붙이고 브랜디를 마시면서 강의를 기다렸다. 나는 몽테뉴에 대해, 서구 문명의 창조에서 이탈리아가 한 역할에 대해, 미국의 특이함에 대해 이야기를 해 주었다. 나는 그가 자신의 마음속에 새겨진 어린 시절의 광경을 다시 창조하려고 애쓰고 있다는 느낌을 받았다. 가난한 이탈리아 마을에서 부유한 지주의 생활 양식은 호기심을 불러일으키기에 충분한 것이었다. 꼬마 마리오가 정원의 울타리 사이로 부자와 그의 친구들이 식탁에서 브랜디를 마시고 시가를 피우면서 담소를 나누는 향연을 훔쳐보는 광경이 내 눈에 선했다.

마리오는 특히 채소 요리에 뛰어난 솜씨가 있었다. 시장에 늘어놓은 채소는 얼마나 아름답고 또 다양한가! 피라미드처럼 쌓인 윤기나는 토마토와 검은 에나멜의 광택과 잠자는 미인의 신비를 지닌 가지 무더기, 깃으로 덮인 파슬리로 테두리를 한 서양 무 조각들, 자루처럼 쌓인 완두콩 깍지들, 번쩍이는 방울 후추 더미는 색채와 형태의 축제를 연출해 낸다. 그러나 요리는 형태와 색채로 이루어진 그모든 영광을 사라지게 했고, 때로는 맛도 없는 덩어리로 만들고 만다. 접시에 담기게 되면 채소는 죽은 시체처럼 보이고 맛도 하나같다. 그러나 마리오는 채소가 지닌 저마다의 특유한 향과 풍미를 살려서 요리했다. 그는 가지와 꽃양배추로 경이로운 광경을 연출했다. 가지의 껍질을 벗기고 세로로 썰어 얇고 길다란 편을 뜬다. 그리고 그 편들을 한 시간쯤 햇볕에 널어 말린 다음 그것이 짙은 갈색이 될 때까지 올리브유에 튀긴다. 그런 다음 냄비에 갈색 편들을 넣은 다음 물을 붓고 방울 후추와 마늘로 양념을 한 뒤 검은색이 될 때까지 끓인다. 요리가 완성되면 가지는 튀긴 버섯과 같은 맛이 났다. 그의 꽃양배추 요리는 가히 예술 작품이었다. 꽃양배추의 머리를 중간 크기의 포기로 썰고, 각 포기를 달걀물에 적신 다음 갈색이 될 때까지 튀긴다. 이어 튀긴 포기들을 냄비로 옮기고 소금을 뿌린 뒤 마늘 다진 것을 넣고 강한 레모네이드 한 컵을 부은 다음 황금색으로 걸쭉해질 때까지 끓인다. 꽃향기가 가득한 황금색의 완성품은 먹는 이의 입을 향기의 교향악으로 가득 채워 주었다.

우리는 몇 주일을 계속 그렇게 보냈다. 그때가 1936년이었다. 어느 날 저녁에 나는 무솔리니 Mussolini에 대한 이야기를 하면서 왜 고상한 이탈리아 민족이 천박하고 골 빈 돌팔이가 자신들을 학대하게 놔두는지 이해할 수 없다고 했다. 나는 뭔가 심상치 않은 일이 벌어지고 있음을 알아차렸다. 마리오의 얼굴은 딱딱하게 굳어 있었다. 그는 벌떡 일어나 자기 짐을 들고 가 버렸다. 그는 다시 나에게 말을 걸지 않았다.

게으른 건달 조니 이야기

홉을 따는 사람들

떠돌이 노동자에게 홉을 따는 시즌은 인간의 온기가 넘치는 오아시스였다. 줄에 매달린 덩굴에서 종이 같은 낟알들을 따는 것은 깨끗하고 쉬운 일이었다. 옆줄의 사람들과 일하면서 이야기를 주고받거나 농담을 할 수도 있었다. 홉을 따는 사람들의 직업은 참으로 다양했다. 전문적으로 홉을 따는 일꾼이 없었기 때문에 은퇴한 비즈니스맨과 공무원, 기능공, 학생, 가정주부 등이 그 일을 했다. 그들에게는 따뜻한 정이 있었다. 그들은 노천에서 함께 생활했다. 별이 빛나는 하늘 아래서 함께 요리하고 잠을 자고 노래하고 춤을 추었다.

나는 산타로사$^{Santa Rosa}$ 근처에 있는 트렌턴^{Trenton} 부인의 농장에서 홉을 따는 시즌을 맞았다. 트렌턴 부인과 그의 남편 그리고 키가 훤칠한 세 아들은 나를 오랫동안 알고 지냈던 사람처럼 다정하게 맞아주었다. 부인과 트렌턴 씨의 결혼에 관한 특이한 사연은 나로 하여금 가슴이 풍만하고 평범해 보이는 그녀에게 호기심을 갖게 해 주었다. 그녀는 처녀 적에는 대단한 미인이었고, 산타로사에서는 유복한 편이었다. 그에 반해 트렌턴 씨는 보잘것없는 노새몰이이자 건달, 술꾼이었다. 어느 날 그가 산타로사를 지나가면서 한 처녀를 발견하고는 번개에 맞은 것 같은 충격을 받았다. 그는 마차를 버리고 이곳저곳을 다니며 그 처녀에 관한 신상을 캐묻기 시작했다. 그녀가 누구인지 알고 난 뒤 그는 술에 흠뻑 취한 채 자신은 가장 더러운 쓰레기라고 떠벌리고 다녔다. 술이 깬 뒤 그는 그 처녀의 집으로 찾아가 무릎을 꿇고는, 자신은 보잘것없는 쓰레기이지만 자신의 아내가 되어 달라고 했다. 그리고 이 결혼이 성사되지 않으면 자신은 더 이상 살 생각이 없다고 말했다. 그래서 그녀는 그와 결혼했고 철봉으로 그를 다스렸다. 그에게는 한 푼도 주지 않고 땀 흘려 일하고 저축하게 했다. 그래서 그들은 50년 만에 큰 재산을 모으게 되었다.

나는 늘 브루너^Bruner 부인의 트레일러 근처에 여장을 풀었다. 브루너 부인은 나를 친척처럼 대하며, 황금 벌판인 오번^Auburn에 정착하여 자신의 조카딸과 결혼하기를 바랐다. 퇴직한 공무원인 브루너 부인은 재미있는 사람이었는데, 캘리포니아를 배경으로 한 옛날 이야기를 지어내기를 좋아했다. 나는 항상 브루너 부인이 세상을 떠나고 나면 그 놀라운 이야기들이 기억될 수 있을지 걱정이 앞섰다. 특히 그중 한 이야기가 내 마음을 떠나지 않았다. 그것은 자신은 손도 꼼짝하지 않으면서 사기를 쳐서 다른 사람을 뜯어먹고 사는 능력으로 그 일대에서 유명했던 건달 조니Johnny에 관한 이야기였다.

어느 날 북부 캘리포니아에서 화물 열차를 얻어 타고 가던 그는 배가 고파 기진맥진한 상태였다. 보통 때면 화물 열차에서 내려 가까운 농장을 찾아 쉽게 배를 채울 수 있었다. 그러나 그 근처에서 눈에 띄는 농장은 과부 조네스Jones의 농장뿐이었다. 그녀는 나무를 베어 오지 않으면 결코 건달에게 먹을 것을 주지 않는 것으로 그 일대에서는 유명했다. 그는 선택의 여지가 없었다. 농장 마당에 들어섰을 때 그는 농장 동물들이 짖는 소리를 들었다.

"누가 오는지 봐라."

개는 기뻐 날뛰었다. 조니가 문을 두드리자 손에 도끼를 들고 조네스가 나타났다. 그녀는 창문으로 그가 오는 것을 보고 있었다. 그녀는 집에서 멀지 않은 숲을 가리키며 말했다.

"여기 도끼가 있어요. 땔감으로 쓰게 나무를 해 오세요. 그러면 먹을 것을 주죠."

조니는 도끼를 어깨에 메고 숲으로 갔다. 개가 그의 뒤를 따랐다. 숲에 가까이 갔을 때 그는 나무들이 웃으면서 자기들끼리 말하는 것을 들었다.

"도끼를 든 조니를 봐라. 배꼽 잡고 웃을 일 아니니?"

'배꼽 잡고 웃을 일'이라는 말에 조니는 걸음을 멈추었다. 그는 신이 자기와 함께 있다는 것을 알았다. 그는 나무들에게 재미있는 우스갯소리를 해서 나무들이 웃다 배꼽이 빠지면 그 조각들을 주워 모을 생각이었다. 조니는 나무 그늘에 앉아 중국인 벌목공의 이야기를 하기 시작했다.

골드러시 시절에 많은 중국인들이 금을 찾아 캘리포니아로 몰려왔다. 그러나 중국인은 금이 풍부한 광석을 채취할 수 없었기 때문에 백인 채굴업자가 먼저 고르고 남은 찌꺼기를 씻어 금을 찾아내야 했다. 그러나 그나마의 일거리도 떨어지게 되자 한 중국인 남자는 벌목공이 되기로 결심했다. 그는 도끼를 들고 어느 집의 문을 두드렸다. 한 여자가 문을 열고 말했다.

"무슨 일이죠?"

중국인이 말했다.

"나, 나무 잘라 해."

여자가 물었다.

"얼마죠?"

그가 말했다.

"베고, 쪼개고, 쌓고. 전부 3달러."

여자가 말했다.

"오, 좋아요. 그럼 베고 쪼개기만 하고 쌓지는 않으면 얼마죠?"

중국인은 손가락으로 셈을 한 뒤 말했다.

"2달러 70센트."

여자가 웃었다.

"쪼개지도 쌓지도 않고 베기만 하면 얼마죠?"

중국인은 다시 손가락으로 셈을 했다.

"전부 2달러."

여자가 말했다.

"놀랍군요. 그럼 베지도, 쪼개지도, 쌓지도 않으면 얼마죠?"

중국인은 다시 손가락으로 셈을 했지만 헷갈리는 눈치였다. 다시 손가락으로 셈을 해 본 뒤 마침내 그는 분통을 터트렸다.

"당신, 미쳤어?"

나무들은 포복절도하고 웃다가 배꼽이 빠졌다. 조니는 그 조각들을 모아 꾸러미를 만들어 묶었다. 농장으로 발걸음을 돌리려는데 한 나무가 그대로 서 있는 것이 보였다. 그는 개에게 물었다.

"저 나무는 어떻게 된 거니?"

개가 말했다.

"아, 저 나무는 영국 호두나무야."

조니는 고개를 저으며 발걸음을 돌렸다. 그가 100m쯤 갔을 때 갑자기 뒤에서 큰 소리가 들렸다. 뒤돌아보니 바로 그 영국 호두나무가 포복절도하여 넘어지는 소리였다.

버클리에서 헬렌과 만나다

에드워드 몰과의 인간적인 만남

버클리에서 보낸 겨울의 몇 달은 수확철이나 사금을 채취할 때보다 인간적인 만남의 기회가 더 많았다. 여러 면에서 버클리는 엘센트로의 전설적인 임시수용소와 닮은 데가 있었다. 두 곳 모두 창조적인 동요와 긴장이 있었다. 두 곳이 놀랄 정도로 닮은 것에 대해 설명하려고 하면 창조적인 환경으로서의 소도시의 역할을 떠올리게 된다. 문명은 수메르Sumar 같은 소도시에서 태어나 예루살렘이나 아테네, 플로렌스, 암스테르담과 같은 소도시에서 발전한다. 창조를 하는 것은 개체이다. 창조적인 환경에서 개체는 자신의 정체성을 의식하지만 또한 공동체적 현실과 살아 있는 연대를 갖는다. 작은 마을에서는 개체가 공동체에 파묻히는 반면, 대도시에서는 공동체적 연대를 형성하기가 어렵다. 따라서 작은 마을이나 대도시에서는 인간적 만남이 결여될 수밖에 없다. 반면 버클리나 임시수용소는 모두 소도시의 미덕을 지니고 있었다.

버클리에서의 인간적 만남은 새로운 생활의 가능성을 열어 주었다. 학문적 경력의 문을 열어 준 스틸턴 박사와의 만남에 관해서는 앞서 이야기한 바 있다. 버클리에서 내 마음속에 깊은 인상을 남겨 준 사람은 에드워드 몰Edward Mohl이었다. 그때 나는 새터크 가Shattuck Avenue의 어느 카페테리아에서 웨이터 보조로 일하고 있었다. 그 카페테리아는 24시간 영업을 하는 곳이었는데, 나는 마침 철야 근무였다. 그날 새벽이 가까울 무렵에 놀라운 인물이 카페테리아로 들어왔다. 나는 눈에 띄는 그의 용모와 권위 있는 분위기에 놀랐다. 그는 풍채가 좋았고 옷차림이 남달랐다. 그의 복장은 맞춤복이었고 옷감도 아주 좋은 것이었다. 누구라도 그런 옷차림을 보았더라면 모든 면에서 신중히 생각해서 골랐다는 것을 알아차렸을 것이다. 아마 그는 넥타이를 하나 고르는 데에도 우리 같은 이들이 아내를 고르는 것보다 더 신경을 썼을 것이라는 생각이 들었다. 그는 커피 한 잔을 주문하고 식탁에 앉았다. 그는 카페테리아에서 식사할 그런 부류의 사람이 아니었지만 다른 레스토랑이 문을 열기에는 너무 이른 시간이었다.

그런데 그가 한쪽 바지 가랑이를 끌어 올렸을 때 나는 그의 양말한 짝에 구멍이 난 것을 보고 깜짝 놀랐다. 내가 뭔가를 해 주지 않는다면 하루 종일 찜찜할 것 같았다. 그의 옷차림을 보아 그는 어떤 중요한 모임에 가는 길임이 분명했다. 양말에 구멍이 난 것을 보이게 되면 체면이 손상될 수 있을 터였다. 나는 지하실로 내려가서 바늘과 양말에 맞는 색의 실을 갖고 와 그의 식탁으로 갔다. 그는 놀란 눈으로 나를 올려다보았다. 푸른색의 깊은 눈이 나에게 고정되었다. 나는 양말에 구멍이 났다는 이야기를 한 다음 양말을 벗어 달라고 했다. 그는 껄껄 웃으며 양말을 벗어 주고는 내가 양말 깁는 것을 지켜보았다. 양말을 다 깁자, 그는 지갑에서 20달러짜리 지폐를 꺼내어 나에게 내밀었다. 나는 거절하며 내 마음의 평화를 유지하기 위해 그렇게 했을 뿐이라고 했다. 그는 자신을 소개하고 내 이름을 물었다. 우리는 악수를 하고 헤어졌다.

다음 날 새벽의 같은 시간에 그는 카페테리아로 찾아와서 멋진 금시계를 나에게 건네주었다. 거기에는 '에릭 호퍼에게, 그의 배려에 감사하며. E. M으로부터'라고 새겨져 있었다. 나는 그에게 따뜻한 감사의 말을 전했고, 우리는 몇 시간 동안 이야기를 나누었다. 나는 그가 어떤 사람인지 들어보지 못했고 그를 다시 보지도 못했다. 그러나 그 사람에 대한 기억은 30여 년이 지난 지금도 내 마음속에 생생하게 남아 있다.

물론 나의 가장 기억할 만한 만남은 헬렌Hellen과의 만남이었다. 그 만남은 어느 이른 여름 아침에 내가 카페테리아를 막 나오면서 섀터크 가에 붉은색 기차가 멈추는 것을 보는 것으로 시작되었다. 나는 어떤 사람이 이렇게 이른 시간에 기차 여행을 하는지 궁금했다. 그때 두 여성이 기차에서 내리는 것이 보였다. 그녀들은 조그만 가방을 들고 있었다. 서서 주위를 돌아보는 것을 보아 외지인이 분명했다. 나는 갑자기 그녀들에게 말을 걸어 보고 싶은 충동에 사로잡혔다. 나는 뛰다시피 다가가 말했다.

"제가 도와 드릴 일이 없을까요?"

그녀들은 놀라 어리둥절한 표정이었다. 두 여자는 밤과 낮처럼 완전히 딴판이었다. 한 사람은 큰 키에다 눈에 띄게 아름다웠고 다른 이는 땅딸막하고 볼품없었다.

"수화물 담당이세요?"

볼품없는 쪽이 물었다.

"아뇨, 전 웨이터 보조예요."

우리는 함께 웃었다. 나는 당혹감을 감추기 위해 말을 많이 하게 되었다. 나는 먼저 학생이냐고 물었다. 대학은 방학이었고 다음 학기는 한 달이나 남아 있었다. 나는 대답을 기다리지 않고 곧바로 서머스쿨에 참가하러 왔느냐고 물었다. 그녀들에게는 한숨 돌릴 시간이 필요했다. 어쨌든 그녀들에게 가장 중요한 건 아침을 먹는 일이었다. 나는 그녀들의 가방을 집어 들었고, 그녀들은 웃으며 나를 따라 카페테리아로 들어왔다. 나는 식탁을 잡아 주고 카운터로 가서 오렌지 주스와 과일, 햄과 계란을 주문했다. 그녀들은 웃으며 식사를 했고 나를 호기심 어린 눈으로 쳐다보았다.

그러다가 볼품없는 여자의 눈에서 날 의심하는 낌새를 느꼈다. 나는 말했다.

"날 경계하지 마십시오. 난 이상한 사람도 아니고 낯선 이에게 먼저 다가가 인사를 하고 아침 식사를 사 주는 습관이 있는 것도 아닙니다. 당신들이 기차에서 내리는 것을 보자 다가가 말을 건네 보고 싶은 충동을 느꼈을 뿐입니다. 그런 충동은 흔한 게 아니고 그런 충동을 거스르면 안 된다고 배웠습니다. 난 운명의 손길이 이끄는 것 같은 느낌이 들었습니다. 당신들은 방 구하는 걸 도와주고 짐을 들어 줄 사람이 필요하겠지요. 나는 밤에는 일하지만 낮에는 시간이 있습니다. 당신들이 방을 빌릴 만한 곳이 있습니다. 유클리드 가 Euclid Avenue 의 언덕 위에 있는데, 그곳의 주인인 파크 Park 씨를 내가 잘 압니다. 방세도 적당할 겁니다."

우리는 파크 씨의 집으로 가기 위해 택시를 잡았다. 파크 씨는 처녀들이 방을 빌리는 걸 좋아했고, 그녀들은 굽이진 해변이 훤히 내려다보이는 그 집이 마음에 든다고 했다. 파크 씨의 집을 떠나기 전에 나는 그녀들에게 수화물 표를 달라고 해서 짐을 찾아다 주면서

한 아름의 꽃도 함께 건넸다. 내가 작별 인사를 할 때 그녀들은 입을 다물지 못하고 서 있었다. 아름다운 쪽의 이름은 헬렌이었다.

Happiness

To believe that if we could but have this or that we would be happy is to suppress the realization that the cause of our unhappiness is in our inadequate and blemished selves. Excessive desire is thus a means of suppressing our sense of worthlessness.

이런저런 것만 있으면 행복해질 것이라고 믿는 것은 불행의 원인이 불완전하고 오염된 자아에 있다는 인식을 억누르는 것이 된다. 따라서 과도한 욕망은 자신이 무가치하다는 느낌을 억누르는 수단이 된다.

나는 헬렌을 깊이 사랑했다

헬렌과 보냈던 즐거운 시간들

그 처녀들을 만난 지 일주일쯤 뒤에 헬렌이 카페테리아로 들어오는 모습을 본 것은 자정이 지난 무렵이었다. 나는 그녀를 맞으러 달려 나갔다. 그녀는 두 팔로 나를 껴안고 키스를 했다. 손을 잡고 우리는 식탁으로 갔다. 우리는 말없이 서로를 쳐다보았다. 그녀의 갈색 눈이 너무 그윽해 서서히 두려움이 일기 시작했고 그 때문에 심장이 뛰었다. 운명이 나를 휩쓸고 지나가는 것을 느꼈다. 운명은 나에게 무엇과도 견줄 수 없는 선물을 안겨 주었다. 내가 그 선물을 받을 만한 자격이 있을까? 나는 그 순간부터 내가 전혀 다른 사람이 되었다는 것을 알았다. 내가 어디로 가건, 내가 어디서 끝이 나건,

그 믿을 수 없이 다정한 얼굴은 나와 함께 있을 것이다. 50년이 지난 지금도 나는 손을 뻗어 만져 보고 싶을 정도로 생생한 그녀를 눈 앞에 보고 있다.

그녀가 물었다.

"왜 집으로 한번 오지 않았죠?"

나는 말했다.

"주제넘은 웨이터 보조로 보일 게 싫어서……."

그녀는 머리를 저었다.

"당신이 뭘 하건 그게 무슨 상관이죠? 당신은 보기 드물게 고귀한 사람이에요. 우린 누구에게든 당신 이야기를 하고 다녔어요. 부디 우리 친구가 되어 주세요. 저녁에 오세요. 프레드Fred가 멋진 저녁상을 차릴 거예요. 우리 함께 식사해요. 그 애는 뛰어난 요리사예요."

카페테리아는 거의 비어 있었다. 우리는 손을 잡고 서로를 경이로운 눈으로 바라보며 앉아 있었다. 그녀는 내 팔꿈치 밑에 있는 책을 보고 무엇을 읽고 있느냐고 물었다. 나는 그녀에게 도스토옙스키의 『백치』에 대해 그리고 내가 어떻게 그 책을 해마다 다시 읽는지에 대해 이야기해 주었다. 그녀의 눈은 환희로 반짝였다.

그녀가 집으로 돌아갈 시간이라는 생각이 들었다. 버클리에서는 그 시간이 되면 택시가 한 대밖에 없었다. 그러나 다행히도 택시 정류장은 길 건너편에 있었고 운전사도 있었다. 나는 그녀가 택시에 오르는 것을 도와주고 운전사에게 택시비를 주었다. 차가 떠날 때 그녀는 나에게 키스를 했다.

나는 그 자리에 서서 깊은 감동에 휩싸였다. 이게 현실일까? 세상에서 가장 아름답고 소중한 처녀가 자정이 지난 시간에 찾아와 나에게 사랑한다고 했다. 열등감은 없었지만 나는 아름다운 처녀가 내 어깨를 끌어안고 키스를 하면서 날 사랑한다고 할 줄은 꿈에도 상상하지 못했다. 내가 예외적인 인간이라는 것을 믿을 수 없었다. 조만간 나는 크기가 줄어들 것이라는 생각이 들었다.

저녁에 나는 파크 씨의 집으로 올라갔다. 처녀들은 나를 따뜻하게 맞아 주었다. 헬렌과 내가 희미하게 빛나는 해변을 내려다보며 창가에 서 있을 때 프레드는 부엌으로 돌아갔다. 그녀는 내 허리를 팔로 감싸안고 있었다. 곧 프레드가 합류했다. 그녀는 앞치마에 손을 닦으며 말했다.

"아직도 왜 당신이 우리에게 말을 건넸는지 모르겠어요. 흥미롭고 놀라웠어요."

나는 그녀들에게 에드워드 몰과의 만남과 양말의 구멍에 대한 이야기를 해 주었다. 그리고 그녀들에게 금시계를 보여 주었다. 그들은 웃으며 고개를 끄덕였다.

나는 프레드가 미트로프와 부르고뉴 와인, 갓 구운 이탈리아 빵으로 식탁을 차리는 것을 도왔다. 나는 배부르게 먹었다. 프레드는 계속 질문을 던지며 나의 생활에 대해 알고 싶어 했다. 나는 그녀들에게 농산물을 수확하고 사금을 채취하며, 버클리에서 겨울을 보내는 일 년 동안의 여정을 이야기해 주었다. 내가 사금을 채취하고 있다는 사실에 그들은 무척 놀라워했다. 마침 내게 사금 가루를 담은 작은 병이 있었다. 그녀들은 그것을 경이로운 눈으로 바라보았다. 나는 그녀들에게 그것을 간직하라고 했다. 밤 10시가 되었을 때 나는 그 방을 나왔다.

그 이후로 나는 저녁마다 그 집을 찾아갔다. 곧 우리 셋은 언제나 함께했던 것 같다. 매일 저녁 식사를 마친 다음 차를 마시고 내 이야기를 듣는 일이 되풀이되었다. 그녀들은 내가 기억할 수 있는 먼 옛날부터 일어났던 것들을 모두 이야기해 주기를 기대했다. 내 이야기 가운데 일부는 정말 옛날이야기 같았다. 그들은 아이들처럼 눈을 반짝이며 귀를 기울였다. 한참 후에야 알아차렸지만 그녀들은 내 이야기의 세세한 부분까지 메모를 하고 있었다. 때때로 그녀들이 서로 눈짓을 주고받는 것을 지켜보면서, 내 이야기가 나에 대한 그들의 과대평가를 뒷받침해 주고 있음을 알 수 있었다. 헬렌은 그 이야기들을 글로 써야 한다고 주장했다. 그녀는 놀라울 정도로 들떠 있었다.

헬렌은 이미 내가 알고 있었듯이 충동적이고 인정 많은 사람이었다. 그녀는 엉뚱한 장난기도 있어서 레슬링 시합을 하자고 한 적도 있었다. 그녀는 힘과 상당한 기술이 있어 나를 바닥에 쓰러뜨릴 때도 있었다.

그녀의 인정스러움은 신의 모든 피조물에게로 향했다. 특히 기억에 남아 있는 것은 파크 씨가 내게 집 주위의 잡초를 뽑아 달라고 하고 그녀가 나를 돕겠다고 고집한 날의 일이었다. 곧 곤란한 문제들이 드러났다. 흙을 뒤엎기 시작했을 때 우리는 땅속에 온갖 생명들이 가득 차 있는 것을 발견했다. 삽질을 할 때마다 갈색 등과 오렌지색 배, 초록색 눈을 가진 도마뱀과 닮은 파충류가 나왔다. 또한 뻣뻣하고 멍한 도마뱀과 거미, 감자벌레, 지네, 전갈, 지렁이, 뱀 그리고 푹신한 짚으로 된 둥지를 튼 들쥐도 있었다. 헬렌은 어떤 생물도 해치지 말자고 했고, 나도 그녀의 말에 동의했다. 곡괭이로 흙을 파서 큰 덩어리를 넘기면 헬렌이 잘게 부수면서 생물들을 가려냈다. 헬렌은 그들이 생명을 보존했으므로, 이제 먹이를 먹고 짝을 짓고 새끼를 키우는 여름을 맞게 될 것이라고 했다. 그녀는 그 생물들을 바구니에 모아 집 뒤의 아카시아 숲으로 옮겼다. 거미와 감자벌레만 재빠르게 달아났다. 전갈과 지네는 내가 직접 만졌다. 독이 있는지 우리는 알 수 없었다. 그래서 헬렌은 그걸 알아보기 위해 캠퍼스로 내려가, 캘리포니아 지네는 독이 없지만 전갈은 맹독이 있다는 이야기를 듣고 왔다. 그것들을 어떻게 해야 할까? 죽여야 할까? 보기 싫은 것은 전갈의 죽음이 아니라 죽을 때의 그 고통과 몸부림이었다. 그래서 우리는 똑같이 마취제라는 결론에 도달했다. 한 병의 클로로포름을 구하고, 마취제를 적신 솜을 넣은 작은 병에 스푼으로 전갈을 떠 넣고 마개를 막았다. 전갈은 저항을 보이지 않았다. 그때쯤

날이 어두워지고 우리는 집으로 내려와 저녁 식사를 하기 위해 손을 씻었다.

길 위로 돌아가기로 결심하다

　개학이 되자 헬렌은 볼트 홀^{Bolt Hall}의 대학 과정에 등록했다. 가끔 나는 캠퍼스에서 그녀를 만나 학생 식당에서 점심을 같이 먹기도 했다. 그녀에게 친구들이 많이 생겼다. 어느 날 수학과 물리학과 사람들이 내가 고등수학과 현대물리학 과목을 청강하는 것이 가능할 것 같다고 한 이야기를 그녀가 전해 주었다. 그녀는 그즈음 물리학과 수학 분야에서 놀라운 발견들이 이어져 노벨상이 여러 명에게 주어졌다는 이야기도 듣고 왔다. 나는 침묵을 지켰다.

　그녀는 말했다.

　"버클리에서 우리와 함께 일 년을 보낸다면 얼마나 좋겠어요. 나중에 당신이 원한다면 추수하고 채광하러 돌아갈 수 있잖아요. 우린 요 몇 달 동안 행복했어요."

　그녀들은 계획을 갖고 있었다. 어느 날 저녁에 프레드는 목표에 관해 나에게 강의를 했다. 사람은 자신이 어디로 가고 있는지 알고 있어야 한다는 것과 나의 대단한 재능을 허비하는 것은 죄악이라는 내용이었다. 헬렌은 그녀에게 새로운 물리학에 대해 말했다. 이론화

하는 나의 재능으로 내가 놀라운 일을 할 수 있다는 것이었다. 그녀는 내가 물리학 분야에서 어느 누구보다도 잘할 수 있다고 확신했다. 수학에 대한 나의 비범한 능력으로 또 다른 아인슈타인이 될 수 있다는 것이었다.

별 의미가 없는 일이었다. 그녀들은 나를 원더맨으로 만드는 것이 자신들의 의무라고 작심하고 나섰다. 그러나 그건 순전히 미친 짓이었다. 나는 헬렌을 깊이 사랑했다. 그러나 그녀들의 기대를 정당화하는 데 얼마 남지 않은 내 인생을 소비하는 것은 불행한 일이라는 생각이 들었다. 물리학 분야의 사람들은 곧 나를 협잡꾼으로 여길 것이다. 내 재능이 뛰어나다는 말을 나는 믿지 않았다. 그녀들과 함께 살면 나는 한순간의 평화도 갖지 못할 것이라는 생각이 들자 즉각 행동으로 옮겨야 했다. 나는 길로 돌아가기로 결심했다. 수확철이 다가오자 나는 그녀들에게는 작별 인사도 하지 않고 버클리를 떠났다.

앤슬리의 죽음

사람은 자신의 이미지로 자신을 만든다

그녀들과의 이별로부터 회복되는 데에는 몇 년이 걸렸다. 실제로 완전히 회복된 적은 없었다. 마음이 찢어지는 것 같았을 뿐 아니라 내 몸도 균형을 잃었다. 부스럼이 나고 눈이 침침해졌다. 안경을 사야 했다. 나는 버클리를 피해 새크라멘토에서 겨울을 보냈다. 내 생애에 처음으로 외로움을 느꼈다. 모든 것을 잃고 포기한 사람은 자신이 오고 간 궤적을 잃어버리게 된다. 그들에게는 역사가 없다. 나는 그 시절의 희미한 기억만 지니고 있을 뿐이다. 나는 마음이 따뜻한 창녀 지니의 도움을 받았던 기억이 난다. 누군가에게 나 자신을 의탁할 필요가 있었던 것이 분명했다. 나는 이제 더 이상 자족

적이지도 초연하지도 않았다. 수확철의 여정에도 변화가 있었다. 나는 처음으로 목화밭과 철도에서 일을 했다.

나는 잭의 레스토랑에서 지니를 만났다. 산에서 내려오던 길이었는데, 산에서는 넉 달 동안 사람 구경을 하지 못했다. 지니는 내 맞은편에 앉아 나를 보고 웃었다. 나는 사금 캐는 이야기를 하며 갖고 다니던 사금 가루 병을 보여 주었다. 그녀는 나를 자신의 아파트로 초대했고 우리는 사랑을 나누었다. 나에게 자신이 어떻게 생계비를 버는가를 이야기했을 때 나는 돈을 주려고 했지만 그녀는 거절했다. 그래서 나는 사금 가루 병을 그녀에게 주었다. 나는 자주 지니를 만났고, 밖으로 데리고 나와 같이 식사도 하고 영화도 보았다. 편안한 관계였다. 그 무렵에 있었던 한 가지 재미있는 사건이 기억에 남아 있다. 내게 싸구려 시계가 있었는데, 시간이 정확하기 때문에 버리지 않고 몸에 지니고 다녔다. 그러던 어느 날 지니의 집에 다녀온 뒤 시계가 없어진 것을 알고 그녀가 챙겨 두었는지 알아보기 위해 그녀 집으로 되돌아갔다. 그 시계는 다행히도 침대 옆의 벽에 걸려 있었다. 나는 그것을 보자 기분이 좋아졌다. 그리고 그 장소가 바로 낡은 시계가 낡은 시대를 소비할 적당한 자리라는 생각이 들어 있던 자리에 그대로 두었다.

내가 조지 앤슬리^{George Ansely}를 처음 본 것은 프레스노^{Fresno} 근처의 목화밭에서였다. 목화는 줄기 중간에 한없는 포근함을 느끼게 해 주는 커다란 방울 모양의 송이를 달고 있어 따는 사람들이 일하기 좋은 작물이었다. 마법사가 하듯이 손을 흔들기만 하면 목화가 포대 자루 속에 들어가 있었다. 나는 일을 하면서 내 오른쪽 줄의 인부를 유심히 지켜보았다. 그는 목화를 빨리 따기 위해 서둘지도 않았지만 속도를 맞추기가 힘들다는 것을 직감적으로 알아차렸다. 그의 손은 놀라운 리듬으로 재빨리 움직였고 헛동작이 없었다. 그의 얼굴에는 빨리 따는 사람들에게 나타나는 새의 날카로움 같은 것이 없었다. 나는 그를 따라잡기 위해 더 빠르게 손을 움직였다. 그런 페이스는 두 시간 가까이 계속되었다. 우리 줄은 거의 동시에 끝이 났다. 나로서는 숨가쁜 레이스였던 두 시간 동안 그가 나를 조금이라도 의식했는지 의심스러웠다. 우리는 채워진 목화 포대 자루 위에 무너지듯 털썩 주저앉았고, 그는 웃었다. 그의 웃음은 내게 밝고 참신한 어떤 인상을 주었다. 그의 부드러운 눈에는 어떤 것이 숨어 있었지만 잘 드러나지 않았다. 나는 내 담배를 말았고 그는 그의 담배를 말았다. 나는 그에게 내 것을 권했고 그는 내게 자신의 것을 권했다. 우리는 함께 성냥을 켰다. 나는 그의 담배에 불을 붙여 주었고, 그는 내 담배에 불을 붙여 주었다. 내내 그의 얼굴에는 미소가 떠나지 않았다.

몇 주 동안 우리는 한 마디의 말도 건네지 않은 채 옆에 나란히 서서 일을 계속했다. 목화 자루의 무게를 달 때 농장 주인이 이름을 불렀기 때문에 그의 이름을 알 수 있었다. 그가 나를 짝으로 여기는지, 내 이름을 알기나 하는지 도무지 알 수가 없었다. 그러나 그가 나보다 뛰어난 사람이라는 것에는 의문의 여지가 없었다. 그의 옆에 있기만 해도 차이가 드러나는 것 같았다. 누군가가 앤슬리를 내 짝으로 불러 주면 나는 그게 그렇게 좋을 수 없었다.

그건 아마 이렇기 때문일 것이다. 지상은 인간들로 넘쳐 난다. 마을에서도, 들판에서도, 길에서도 사람들을 보게 되지만 당신은 그들을 주목하는 일이 거의 없다. 그러다 당신의 눈이 한 얼굴과 마주치고 경탄하게 된다. 갑자기 당신은 지상의 어떤 것과도 다른 인간의 숭고한 유일무이성을 의식하게 된다. 사람은 자신의 이미지로 자신을 만든다. 그런 만남에는 쓸쓸함이 있고 다른 별에서 온 것 같은 어떤 것이 있다.

앤슬리는 내게 두려움과 걱정거리를 안겨 주었던 한 가지 버릇을 가지고 있었다. 그는 들판에 나가 일을 하지 않을 때 목화 자루나 자기 코트를 땅에 깔고는 그 자리에 죽은 듯이 눕는 버릇이 있었다. 그는 몇 시간 동안이고 살아 있는 기척도 없이 그 자세 그대로 누워 있었다. 그런 그를 보면서 나는 그가 다시 살아날 수 있을까 하는 의구심을 떨쳐 버릴 수가 없었다.

두려움이 현실로 나타나다

어느 날 청부업자가 100파운드당 90센트에 초벌따기를 할 사람들을 뽑았다. 그러나 일단 현장에 도착하자 그는 우리를 재벌따기의 넓은 밭을 배당해 주고는 같은 수당으로 일하라고 했다. 우리는 거부했다. 남부 신사인 청부업자는 위협도 하고 사정도 하면서 장황하게 말을 늘어놓았다. 앞줄의 누군가가 야유를 하자 청부업자는 화를 내며 그에게 달려들었다. 모든 이들이 지켜보는 가운데 그 싸움은 청부업자의 아름다운 패배로 끝이 났다. 우리는 환호를 지르며 춤을 추었다. 그런 소란 중에도 앤슬리는 죽은 듯이 누워 있었다.

일 년 만에 단 한 번 나는 앤슬리가 말하는 것을 들을 수 있었다. 핸퍼드Hanford 근처의 목화밭에서 있었던 일이다. 재배업자는 우리에게 오두막과 샤워 시설을 약속했지만 막상 주어진 것은 더러운 마루와 수도꼭지 하나가 달랑 달려 있는 천막뿐이었다. 한 주일이 끝날 때 우리는 일을 그만둘 생각이었다. 그런데 수당이 지급되기 시작될 때 재배업자의 수량 기록이 약간 뒤바뀐 것으로 나타났다. 몇몇 인부들은 자신이 실제로 딴 것보다 적게 나왔다고 아우성이었다. 재배업자는 자신들이 받을 것보다 더 많이 받는 다른 인부들도 있다고 눙쳤다. 앤슬리와 내 차례가 왔을 때 그는 우리에게 실제보다 더 돈을 많이 받는다는 뜻을 내비쳤다. 내가 말문을 터뜨리려고 했지만 앤슬리가 먼저 나섰다. 그는 높낮이가 없는 온화한 톤으로 재배업자에게 말했다.

"사장님, 난 에릭과 내 것 모두를 무게를 잴 때마다 기억해 놓았소. 당신이 원한다면 난 매번 잰 것을 불러 드릴 수 있소. 당신이 셈한 것과 맞는지 아닌지 알 수 있을 거요."

물론 앤슬리는 각자 하루에 5번씩 무게를 잰 60번의 기록을 머릿속에 충분히 넣어 두고 있었다. 앤슬리는 굉장한 기억력을 갖고 있을 뿐 아니라 내 이름도 알고 있었고, 나에 관한 것들에 많은 관심을 가지고 있었다.

내 마음속에서 앤슬리가 헬렌과 뒤섞이는 것은 어쩔 수 없는 일이었다. 그들은 서로 겹치는 부분이 많았다. 그들은 내 마음속에 가장 고상한 인간 유형으로 나란히 서 있었다. 나는 앤슬리를 버클리로 데려가서 그 처녀들과 만나게 해 줄 생각이었다.

우리는 화물 열차가 오는 시간에 맞추어 베이커스필드^{Bakersfield} 정거장에 도착했다. 그 화물 열차는 오클랜드^{Oakland}에 도착할 때까지 거의 정차하지 않고 샌호아퀸 계곡을 통과하는 급행이었다. 기차는 보통 정거장을 통과할 때 서행했다. 우리는 전에도 가끔 시속 24km로 달리는 기차에 올라탄 적이 있었지만, 앤슬리에게는 내 걱정은 하지 말고 유개차 철제 사다리를 꽉 잡고 기차의 지붕 위로 올라가라고 당부해야 할 것 같았다. 우리는 나중에 다시 만나게 될 것이기 때문이었다. 기차가 시속 16km 정도로 속도를 낮추었다. 내가 유개차에 올랐을 때 앤슬리가 몇 칸 앞서 유개차 위로 오르는 것이 보였다. 유개차 위에 올라 나는 손을 흔들었고 그도 손을 흔들었다. 나는 그에게 그 자리에 앉으라고 고함을 질렀지만 내 말은 바퀴 소리에 파묻히고 말았다. 그가 화물칸 사이를 펄쩍 뛰는 것이 보였다. 나도 서둘러 그를 맞으러 갔다. 기차가 속도를 올리기 시작했다. 흔들리는 기차 위를 달린다는 흥분으로 그의 얼굴은 상기되었다. 나는 그에게 앉으라고 손짓했지만 그는 내게로 넘어올 생각이었다. 그가 거의 내 손이 닿는 곳까지 왔을 때 속도가 붙은 기차가 갑자기 곡선 철로로 접어들었다. 그리고 앤슬리가 점프했을 때 기차는 바깥쪽으로 벗어났다. 그는 바깥으로 또 뒤로 내팽개쳐졌다. 그의 손은 허공을 잡으려고 솟구쳤다. 내가 그를 따라 점프했을 때 그는 등을 내게로 향한 채 공중으로 떨어졌다. 아직까지 그의 다리가 철로로 빨려들고, 팔이 옆길에 뻗어 있고, 웃옷의 깃 위로 그의 갈색 머리털이 말려 올라간 것이 눈에 선하다.

눈을 떴을 때 나는 누군가를 찾기 위해 몇 km를 계속 달리는 듯한 느낌이 들었다. 숨이 가빠 왔다. 무언가 가슴을 짓누르고 있었다. 나는 그로부터 벗어나려고 눈을 감았다. 다시 눈을 떴을 때 중년 간호사의 지친 얼굴이 보였다.

나는 말했다.

"앤슬리는 어떻게 됐죠?"

그녀가 말했다.

"말씀하시면 안 돼요. 당신 친구는 죽었어요."

Religion

Religion is not a matter of God, church, holy cause, etc. These are but accessories. The source of religious preoccupation is in the self, or rather the rejection of the self. Dedication is the obverse side of self-rejection. Man alone is a religious animal because, as Montaigne points out, 'it is a malady confined to man, and not seen in any other creature, to hate and despise ourselves'.

종교는 신이나 교회, 성스러운 동기의 문제가 아니다. 그것은 단지 액세서리에 지나지 않는다. 종교적 몰입의 근원은 자아에, 아니 그보다는 오히려 자아의 거부에 있다. 헌신은 자아 거부의 앞면이다. 종교적 동물은 인간밖에 없다. 왜냐하면 몽테뉴도 지적했듯이 '자기를 증오하고 경멸하는 것은 다른 피조물에서는 볼 수 없는 인간에 국한된 병'이기 때문이다.

난 네가 천사가 아니란 걸 알지

스톡턴에서 트레이시로

나는 지치고 멍한 상태로 병원에서 나왔다. 몹시 위축된 기분이었고, 수확과 사금 채취의 여정을 다시 시작할 의욕이 없었다. 전형적인 떠돌이 노동자의 수동적이고 떠도는 일상을 따라다닐 힘이 거의 없었다. 새크라멘토로 돌아갈 생각도 없었다. 대신 나는 지나가는 자동차를 얻어 타고 스톡턴Stockton으로 갔다. 토마토 따기의 절정기여서, 부랑자 거리의 보도는 농장으로 데려갈 트럭을 기다리는 누더기 옷차림의 수확 인부들로 붐볐다. 트럭들이 시야에 들어오자 미친 듯이 화물칸에 먼저 오르려고 달려들었다. 나는 무리를 따라 휩쓸려 들어갔다. 5분도 채 안 되어 트럭은 가득 찼고, 우리는 멀리 지평선까지 뻗쳐 있는 토마토 농장으로 실려 갔다. 인부들은 다시 빈 상자와 좋은 이랑을 잡기 위해서 달려들었다. 갑자기 어둠이 밀어닥쳤다. 그러나 아무도 해 지는 것에는 신경 쓸 시간이 없었다. 마을로 돌아갈 트럭을 타는 줄과 품삯을 받는 줄, 복작거리는 싸구려 식당에서 저녁을 먹기 위해 기다리는 줄에도 인부들은 미친 듯이 달려들었다.

토마토 따기가 끝났을 때 나는 수확철이 가까운 트레이시^{Tracy}로 옮겨 가리라 마음먹었다. 나는 트레이시행 화물 열차를 기다리는 무리에 끼었다. 20명가량이 있었지만 아무도 말이 없었다. 나는 내 짐 꾸러미에 기대어 별생각 없이 앞을 바라보고 있었다. 그때 철로 너머의 배수로에서 조그만 남자가 기어 나오는 것이 보였다. 그는 무거운 짐으로 헐떡거리고 있었다. 금테 안경을 쓴 그의 행색은 말끔해 보였다. 그는 우리에게 웃음을 던지며 짐을 내려놓았다. 아직 숨을 헐떡이면서 그는 말했다.

"이런 젠장. 날 좀 도와줘요. 어젠 어디 있었는지 기억이 나지 않네."

나는 그의 주름진 얼굴을 자세히 살펴보았다. 붉고 가는 핏줄들이 푸르스름한 얼굴빛에 그물처럼 뒤엉켜 있었다. 술고래인 그는 아마도 전날 로스빌^{Roseville}에서 술독에 빠졌을 터이고, 유개차를 잘못 타서 스톡턴행 화물 열차에 올랐을 것이다. 꼼꼼한 술꾼인 그는 안경과 짐을 확실히 챙겼다. 그는 세밀하게 살피는 내 눈을 의식하고, 내

곁으로 건너와 앉았다. 기차가 들어왔을 때 우리는 같은 무개차에 올랐다. 나는 그의 짐을 받아 주었다. 곧 기차는 속도를 내기 시작했다. 우리는 점점이 가축들이 서 있고 푹신한 깃털 이불 같은 알팔파로 뒤덮인 들판을 달렸다. 흙탕물이 흐르는 강을 건너 우리는 트레이시에 도착했다.

그 조그만 남자는 정거장에서 자신이 빠져나갈 길을 알고 있었다. 그는 나에게 자기를 따라오라고 손짓했다. 거리로 나오자 그는 우리 앞에 걸려 있는 간판을 가리켰다. 그곳은 남자들만 드나드는 살롱이었다. 우리는 담배 연기와 술 마시는 남자들로 가득한 지저분한 실내로 들어갔다. 조그만 남자는 짐을 벗어 던지고 모자를 벗은 다음 피아노 쪽으로 걸어갔다. 순간 실내는 그의 피아노 연주와 노래 소리로 가득 차게 되었다. 그가 부르는 노래는 「난 네가 천사가 아란 걸 알지」라는 유행가였다. 나는 피아노 옆에 놓인 의자에 앉았다. 그는 나에게 의기양양한 눈짓을 보냈다. 그러고는 말만큼 표현력이 있는 제스처로 자기 모자를 들고 실내를 한 바퀴 돌라고 했다. 마치 꿈속에서 일어난 일 같았다. 사람들은 5센트짜리 동전을 던져 넣었고, 어떤 이는 10센트, 심지어 25센트짜리 동전을 집어넣는 이도 있었다. 문 쪽에서 가까운 테이블에는 한 여인이 앉아 있었다. 그녀는 살롱 안의 유일한 여성이었다. 그녀에게 다가갔을 때 그녀는 오만하게 나를 쳐다보았다. 그녀의 아름다운 얼굴을 살펴보면서 나는 심장이 뛰기 시작했다. 깊고 검은 눈과 작은 입, 코 그리고 귓불이 거의 없는 작은 귀는 헬렌을 생각나게 했다. 나는 피아노로 달려가 모자를 조그만 남자에게 넘겨주었다. 그러고는 곧바로 어깨에 짐을 둘러메고 살롱을 빠져나왔다.

햇빛이 눈부신 밖으로 나왔을 때 어깨에 작은 손가방을 멘 남자가 내게로 다가오는 것이 보였다. 그는 기분이 좋은 것 같았다. 나는 그에게 어디서 산호세로 가는 화물 열차를 탈 수 있느냐고 물었다. 그는 말했다.

"같이 갑시다. 내가 가르쳐 주지. 톰 윙^{Tom Wing}의 레스토랑 앞에 있어요."

레스토랑 앞의 벤치는 짐 꾸러미를 든 사람들이 차지하고 있었다. 거기서 기다리다 나는 곧 손가방을 어깨에 멘 그 남자가 레스토랑을 나오고, 뒤이어 중국인 주인과 그의 아내와 아이들이 따라 나오는 것을 보았다. 그들은 떠들썩하게 이야기를 나누고 있었다. 그 손가방은 화가의 연장 꾸러미였고, 중국인은 1달러에 간판을 고쳐 달라고 했다. 흥정이 끝나자 화가는 면도날로 '톰 윙'이라는 글자를 긁어내고 멋진 솜씨로 '리^{Lee}의 레스토랑'이라는 글자를 노란색으로 써 넣었다. 이어 중국인이 노란색을 썼다고 투덜거리자 화가는 노란색을 은색으로 바꾸겠다고 안심시켰다.

그러는 동안 사람들이 모여들었다. 그것은 역사적인 사건이었다. 화가는 나에게 담배를 한 대 말아 달라고 했다. 그는 내게서 담배를 받아 들면서 말했다.

"나한테 붙게, 형제. 그러면 배를 곯지는 않을 걸세."

그 글자에 하얀 가루를 뿌리자 곧 은색으로 변했다. 구경하던 사람들은 박수를 쳤고, 중국인은 화가에게 1달러짜리 지폐를 건네주었다. 화가는 레스토랑으로 들어가서 세수를 하고 머리를 말끔하게 빗고 나왔다. 그러고는 앞장서서 근처의 와인 가게로 갔다. 나는 그의 뒤를 따랐다.

애브너 워드와의 만남

내가 애브너 워드Abner Ward를 처음 만난 것은 그때였다. 그는 벤치의 끝자락에, 조각처럼 꼿꼿이 미동도 않고 앉아 있었다. 그의 얼굴에는 표정이 없었다. 그는 일어나려고 애를 썼지만 일어나지 못했다. 그는 흠뻑 취해 있었다. 그때 어떤 저항할 수 없는 충동이 나를 움직이게 했다. 나는 다가가 그의 팔을 잡고 어디에 사느냐고 물었다. 그 순간 우리를 지켜보고 있던 소년이 말했다.

"내가 알아요."

그러고는 거리 위의 조그만 오두막을 가리켰다. 그러나 오두막까지 가기가 쉽지 않았다. 나는 워드의 주머니에서 열쇠를 꺼내어 문을 열었다. 내가 본 어떤 것보다 말끔한 작은 방이었다. 나는 그를 침대로 데려가 장화를 벗기고 침대 위에 눕혔다. 그는 의식이 없이 거기에 누워 있었고, 나는 침대 옆에 앉아 그의 얼굴을 살펴보았다. 오랜 세월 내가 보아 온 수천의 얼굴 중에서 내 마음속에 새겨져 내면의 풍경이 된 얼굴은 12명이 넘지 않는다. 내 앞의 얼굴이 그런 범주에 속했다.

테이블 위에는 성경과 성경 주해서, H. G. 웰스[Wells]의 『세계문화사 대계 *The Outline of History*』가 놓여 있었다.

어두워지자 나는 불을 켰다. 나는 책장을 넘기면서 침대를 지켜보았다. 마침내 그가 기척을 보이기 시작했다. 그는 옆으로 몸을 돌려 놀란 눈으로 나를 쳐다보았다. 나는 그를 부축하고 그의 오두막으로 오게 된 사정을 이야기했다. 그는 말했다.

"당신에게 신의 은총이 있기를."

그는 40세쯤 되어 보였다. 그의 튼튼한 몸에는 청년의 늘씬함이 남아 있었지만 세파에 시달린 얼굴에는 깊은 주름이 새겨져 있었다. 회색의 쓸쓸한 눈은 짙은 눈썹과 희끗희끗한 머리카락에 묻혀 있었다. 그의 얼굴을 보면 누구나 희망 없는 헛걸음에 몇 년을 허비한 사람을 생각할 것이다. 그의 목소리는 깊게 울려 퍼졌고 말은 차분했다. 그는 침대에서 일어나 혼잣말처럼 중얼거렸다.

"사람은 스스로 나쁜 짝을 짓지."

● H. G. 웰스(H. G. Wells, 1866~1946): 영국의 소설가이자 문명비평가. 교사를 거쳐 문필 생활에 뜻을 두고 일생 동안 100여 권의 책을 저술했다. 주요 저서로 『타임머신』(1895), 『투명인간』(1897), 『우주전쟁』(1898) 등의 공상과학소설과 『세계문화사 대계』(1920), 『생명의 과학』(1929~1931), 『인류의 노동과 부와 행복』(1932), 『사람의 운명』(1939), 『정신의 한계』(1945) 등 문명비평 분야의 저서가 있다.

그러고는 화로를 향해 걸어갔다. 얼마 있지 않아 우리는 치즈 오 믈렛과 채소 샐러드를 나누어 먹었다. 내가 예상했던 것과는 반대로 그는 말이 많았다. 오랫동안 완전히 고립되어 살아오다가 이제 자신 의 말을 들어 주고 공감하는 이와 이야기를 나눌 기회를 잡았기 때 문일 것이 분명했다. 되돌아보면 그는 주로 자신의 인생에 관해서 몇 주 동안 계속 이야기한 것 같았다. 나는 그의 기이한 행적을 끼워 맞추어 그 환상적인 종말을 이야기해 볼 생각이다.

술고래 양치기 애브너

양을 사랑했던 양치기, 애브너

애브너 워드는 신이 두려워하는 사람이었다. 양과 소가 풀을 뜯고, 사람이 선과 악의 사이에서 분열되어 자신의 영혼과 씨름을 하는 열린 공간의 주인인 야훼가 그의 신이었다. 애브너는 술고래 양치기였다.

성경을 읽은 사람치고 양치기를 동경하지 않는 이가 있을까? 아브라함과 이삭, 야곱과 열두 아들, 모세 등은 양치기였다. '드고아 Tekoa의 양치기 아모스 Amos의 예언들'에 나온 예언자들 가운데 일부도 마찬가지였다. 왕들도 자기 백성들의 목자였고, 야훼 자신도 양치기였다.

"그이는 자기 양떼를 먹인다. 어린 양들을 손으로 모아, 가슴에 안아 데려가고, 어린 것과 함께 있는 것들을 인도한다."

그러나 성경에서 술꾼으로 거론되는 사람은 거의 없다. 때로는 술에 취한 사람이 있기는 하다. 노아^{Noah}가 있고, 가르멜^{Carmel}에서 온 양치기 나발^{Nabal}과 바빌론의 왕 벨사자르^{Belshazzar}, 페르시아의 왕 아하수루스^{Ahasuerus}가 있다. 예언자들은 탐욕과 허영, 간통, 우상 숭배에는 벼락을 내렸지만 음주에 대해서는 그렇지 않았다. 당시 과음은 지금처럼 저주가 아니었다.

제1차 세계대전이 끝나고 프랑스에서 돌아온 애브너는 고향인 세인트루이스^{St. Louis}에 잠깐 들른 뒤 캘리포니아로 갔다. 그에게는 금이나 황금색 오렌지 같은 것은 안중에도 없었다. 어린 시절부터 그의 마음은 꿀과 양이라는 두 가지 주제에 깊이 빠져 있었다. 그러나 캘리포니아에 와서 처음 자리 잡은 새크라멘토에는 꿀에 관해서 많이 아는 사람이 없었다. 반면 직업소개소 앞의 게시판에는 온통 양치기를 찾는 광고로 가득했다.

그래서 애브너는 양치기가 되었다. 그 일에서 그보다 더 즐거움을 느끼는 사람은 드물었다. 그는 동물에 대한 애착이 남달랐다. 강아지 때부터 기른 그의 개들은 훈련이 잘되어 그의 지시를 아주 잘 따랐다. 그는 개들에게 말을 할 때 친한 사람들에게 말하듯 했고, 개들은 그의 말을 알아들었으며 못하는 일이 없었다.

양떼를 몰며 15여 년 동안 애브너는 캘리포니아에 있는 큰 목장의 대부분을 거쳤다. 그는 원칙적으로 한 목장에 1년씩밖에 머물지 않았다. 매년 목장을 옮기는 것은 술에 대한 그의 탐닉 때문이었다. 그런 결점은 그의 천성의 일부분이기도 했지만 동물들과 함께하고, 연장을 능숙하게 다루고, 다른 환경에 임기응변으로 적응하는 그의 생활로 인한 것이었다. 그런 것들은 그의 개척자 조상들에게서 물려받은 것이었다. 그들은 땅을 개척하고, 집과 창고, 가구를 제 손으로 만들고, 인디언과 싸우고, 어려움을 견뎌 냈을 뿐 아니라 자신들이 술을 빚어 술통에 넣어 두고 먹기도 했다. 세월의 변천에 따라 가족이 세인트루이스의 우중충하고 술에 찌든 빈민가로 흘러들게 되자, 열린 공간에 대한 소년의 향수는 신성한 것에 대한 막연한 동경과 더불어 더욱 강렬해졌다. 그건 자신이 손에 넣을 수 있는 저 너머의 것이기 때문이었다. 술에 대한 갈증은 그의 미세한 모든 부분에 잠복해 있었다.

15여 년 동안 애브너는 술에 대한 탐닉에 한계를 두어 왔다. 그는 양몰이를 하는 동안과 양떼를 고원의 목초지로 옮겨 놓은 동안에는 하루하루 술에 대한 갈증을 억제하느라 애를 썼다. 그러다가 초가을에 계곡으로 돌아오면 그는 품삯을 받아 들고는 곧바로 화물 열차에 올랐다. 보통 그는 처음 내리는 곳에서 오두막을 빌린 다음, 술을 마시고, 먹고, 자는 일로 하루하루를 보냈다. 돈이 떨어지면 다시 가까운 양 목장 쪽으로 발길을 돌려 술을 입에 대지 않고 맨정신으로 일하는 또 다른 1년의 생활을 시작했다. 애브너는 믿을 만한 적과 함께하듯 술에 대한 탐닉과 함께 생활했다. 연중 술 마시기 행사에서 그는 두려움을 느끼지도 않았고 후회를 하지도 않았다. 그는 아무 갈등 없이 느긋하게 술집으로 내려갔다. 그러다가 일터로 돌아갈 때는 겸허한 자세를 취했고, 한편으로 자신의 일에 대한 자신감도 가지고 있었다.

양들은 주변에 익숙지 못하다. 양에게는 시야에 들어오는 모든 것이 기괴하고 전에 본 적이 없는 것으로 보인다. 어리석다는 것은 부인할 수 없지만 양에게는 인간적인 면이 있다. 그것은 바로 외로움에 대한 두려움이다. 양들의 그러한 모습은 보는 이로 하여금 연민의 정을 자아낸다. 양과 마찬가지로 사람도 생에 대한 두려움과 이 세상에서 영원한 이방인이라는 느낌 때문에 종족이나 민족으로 무리를 짓는 것이리라.

양이 모두 똑같지는 않다는 것을 확인하는 일은 애브너의 또 다른 즐거움이었다. 리더는 물론 눈에 잘 띈다. 리더가 목을 쭉 뻗고 서서 속으로 어떤 것을 가늠해 본 다음 앞으로 걸음을 내디디면, 양떼가 그를 따라 질주하는 광경은 실로 장관이었다. 리더 외에도 양떼에는 몇 마리의 걸출한 놈들이 포함되어 있다. 개중에 독자적으로 행동하는 양들은 양치기에게 즐거움이자 골칫거리가 된다. 애브너는 그런 양들에게 이름을 지어 주었고, 그들 중의 일원인 데보라Deborah와 미리엄Miriam, 주디스Judith, 새미Sammy, 데이비드David 등에 관한 이야기를 해 주었다. 그는 사람들이 가까이 지내는 이들에 관한 이야기를 하는 식으로 양들에 대한 이야기를 풀어 나갔다.

　나는 미리엄이라는 양에 관한 이야기를 들은 기억이 난다. 그 두 살배기 암양은 겁이 없고 모험을 즐기는 성격을 가지고 있었다. 양 떼들과 처음 만나던 날, 애브너는 미리엄이 무리에서 벗어나 시냇물로 들어가는 것을 보았다. 물을 충분히 마신 뒤 미리엄은 반대편 비탈로 건너가 상수리나무 밑에 자리를 잡고 몸을 웅크렸다. 그러자 양치기 개인 퍼즈Fuzz가 미리엄을 쫓아갔다. 애브너는 그다음에 일어난 일을 이야기하면서 껄껄 웃었다. 퍼즈가 미리엄의 주위를 맴돌며 열심히 짖어 대는데도 미리엄은 땅바닥에 머리를 대고 관심 없다는 자세로 그대로 있었다. 퍼즈는 성질이 나서 미리엄을 물었지만 곧 펄쩍 뛰듯 뒤로 물러나며 사납게 짖었다. 애브너가 어떻게 되었는지 보려고 다가가자 미리엄은 그가 오는 것을 보고 벌떡 일어났다. 미리엄은 다시 시내를 건너 무리에 합류했지만 도무지 서두르는 기색이 없었다.

　애브너의 마지막 일자리는 트레이시 남쪽에 있는 브루스터Brewster라는 양 목장이었다. 그는 그곳에서 검은 콧등과 표정이 풍부한 눈을 가진 한 살배기 숫양 조엘Joel을 만났다. 애브너가 도착한 순간부터 조엘은 개처럼 그를 따라다니기 시작했다. 퍼즈가 위협해서 쫓아내려고 했지만 조엘은 오히려 역습을 했다. 마침내 퍼즈와 조엘은 단짝이 되었고, 애브너는 조엘을 양의 리더로 훈련시킬 생각을 했다. 조엘은 이미 애브너의 명령에 따라 눕고 일어서는 것을 익히고 있었다. 조엘은 배우는 것이 빨랐다. 지시를 잘 따르는 리더를 갖는 다는 것은 큰 성과였을 것이다.

애브너가 돌연 뿌리칠 수 없는 유혹에 넘어가 근무 중에 만취했던 사건이 일어나기 전까지 브루스터 농장에서의 생활은 행복한 편이었다. 애브너가 술에서 깨어나자 관대한 사람이었던 브루스터가 자상하게 말문을 열었다.

"애브너, 자네는 자네 방식에서 벗어날 필요가 있네. 자넨 너무 오랫동안 자신에 집착해 왔지. 새크라멘토나 스톡턴으로 잠시 가 있게. 영화라도 몇 편 보게나. 거리의 사람들을 보면 자네에게 좋은 세상이 보일 거야. 좋은 이야기는 우리를 술로 내몰았던 악을 쫓아내는 데 필요한 전부일 때도 있네. 나 자신도 술꾼이었네. 하지만 이젠 완전히 끊었지. 할 수 있더군. 자네 자신을 다잡을 수 있으면 빨리 돌아오게. 내가 일꾼으로서 친구로서 자네를 높이 평가하고 있다는 걸 자네도 잘 알고 있을 걸세."

조엘과 퍼즈는 그 노인이 하는 말뜻을 알기라도 하는 듯 애브너를 쳐다보고 있었다. 애브너는 말했다.

"조엘을 잘 보살펴 주세요, 브루스터 씨. 멋진 녀석이죠. 퍼즈도 남겨 놓겠어요. 여기가 더 행복할 테니까."

그는 조엘을 울타리 친 목초지로 몰아넣고, 퍼즈도 옻나무에 매달았다. 그러고는 침낭을 어깨에 둘러메고 고속도로로 향하는 오솔길로 나섰다. 조엘은 울타리를 따라 달리며 울어 댔다. 애브너는 잠깐

걸음을 멈추고 단념하라는 손짓을 하고는 터벅터벅 걸어갔다.

애브너 워드와의 친교는 3주가량 계속되었다. 그가 술에서 깨어 있을 때 우리는 손발이 잘 맞았다. 그가 술을 끊을 것 같지는 않았다. 과거에도 그랬듯이 돈이 떨어지면 새로운 일자리를 찾아 나설 것이다. 그는 끊임없이 이야기를 했고, 나는 그의 이야기를 재미있게 들었다. 나는 그의 이야기를 잘 들어 준 사람이었다.

4월 말의 어느 날, 애브너가 철로를 건너려고 할 때 남쪽으로부터 화물 열차가 들어와 건널목을 가로막았다. 유조차와 유개차 그리고 가축 수송차가 뒤섞인 화물 열차였다. 기차는 다시 움직이기 시작하다가 덜커덩거리는 요란한 소리를 내며 급정거를 했다. 기관차가 유조차 대열과 분리되었던 것이다.

요란한 소리가 멎자 애브너의 신경이 갑자기 날카로워졌다. 그의 흥분한 눈에 양들이 실린 가축 수송차가 보였다. 양에게서 나는 특유의 자극적인 냄새가 그의 코를 파고들었다. 그는 양들의 힘찬 울음소리로 보아 그리 오래 수송차를 탄 것이 아니라고 판단했다. 그는 수송차로 가까이 다가가 구멍 사이로 들여다보았다. 양들은 숨쉴 틈도 없이 들어찬 공간에서 괴로워하고 있었다. 그는 양들이 아마도 이곳에서 가까운 스톡턴의 도살장으로 가는 것으로 짐작했다. 그런데 털이 무성한 몸통들 위로 그의 눈길이 스칠 때, 수송차 저쪽 끝의 물결치는 무리 속에서 검은 원숭이 같은 얼굴이 튀어나와 있는 것이 보였다. 그 양은 빽빽한 무리를 비집고 나오면서 온 힘을 다해 울부짖고 있었다.

"조엘!"

그 말이 그의 머릿속에서 터져나왔다. 그때 기관차가 다시 화차 쪽으로 후진하면서 아비규환의 충돌이 일어났다. 애브너는 뛰어내려야 했다. 기차가 굴러가기 시작했던 것이다. 애브너는 귀청을 찢을 것 같은 고함을 내지르며 기차를 따라 비틀거리며 달렸다. 유개차의 철제 사다리 위에 올라가 있던 제동수가 그에게 고함치며 비켜나라고 손짓을 했다. 그러나 애브너는 넘어지면서 고함치면서 계속 달렸다. 교대 기관차가 유개차 대열과 떨어지게 되자, 양들이 실린 가축 수송차를 포함한 나머지 화차들은 멈출 때까지 뒤로 굴러갔다.

고함을 지르며 울부짖는 술꾼을 보고 사람들이 몰려들었다. 그는 양들이 실린 화차를 떼어 놓기 위해 서툰 솜씨로 레버와 에어 호스를 건드렸다. 화차 위로 달려온 제동수가 그에게로 몸을 날렸지만 애브너는 한주먹에 그를 때려눕혔다. 다른 제동수들도 어떻게 할 수가 없었고, 철도 경찰도 배를 차인 채 모두 나가떨어졌다. 그러는 내내 애브너는 흐느껴 울었다.

"이 개자식 브루스터, 조엘을 잘 돌봐 주겠다고 약속해 놓고, 지금 도살장으로 보내고 있잖아."

그는 화차를 떼어 놓지는 못했지만 가축 수송차의 미는 문은 열어 젖혀 놓았다. 양들은 한꺼번에 물밀 듯이 쏟아져 나오기 시작하더니 급기야는 다른 양들의 몸 위로 뒤엉키면서 떨어져 내렸다. 그러는 동안 수십 명의 경찰과 역무원들이 그를 제압했다. 그는 감방으로 끌려갔다. 다음 날 그를 찾아보려고 했을 때 나는 그가 스톡턴의 정신 병원으로 이송되었다는 이야기를 들었다.

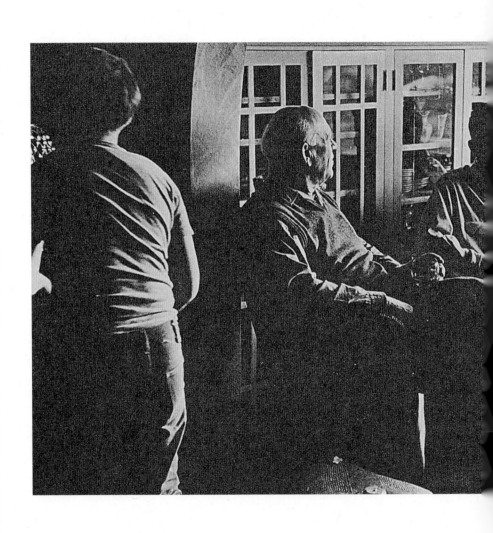

Hatred

That hatred springs more from self-contempt than from a legitimate grievance is seen in the intimate connection between hatred and a guilty conscience.

증오가 정당한 불평보다는 자기 경멸에서 솟아난다는 것은 증오와 죄의식의 밀접한 관계에서 드러난다.

농장주 쿤제가 남긴 유언

독특한 농장주 쿤제를 만나다

우리가 탄 화물 열차가 프레스노의 정거장에 도착한 때는 늦은 오후였다. 우리는 허기지고 지쳐 우리 앞에 무슨 일이 있을지조차 생각할 겨를이 없었다. 그 시간이면 문을 닫는다는 것을 알면서도 우리는 습관적으로 주립 무료 직업소개소로 향했다. 모두들 소개소 계단에 앉아 멍하니 황혼을 바라보고 있었다. 그 때 갑자기 까만 소형 포드가 우리 앞에 멈춰 섰다. 이윽고 문이 열리더니 키가 크고 나이가 든 운전사가 나왔다. 그는 웃으며 말했다.

"내가 운이 좋군. 건초 일을 도울 수 있는 사람은 모두 타시오."

우리는 차에 올랐고, 그는 우리를 싣고 어둠 속을 달렸다.

우리가 도착했을 때에는 이미 어둠이 너무 짙어 아서 쿤제^{Arthur Kunze}의 농장을 모두 볼 수는 없었다. 창에 불이 밝혀진 자그마한 흰 저택과 몇 채의 큰 통나무 오두막이 보였다. 쿤제는 우리에게 선반처럼 짜인 침대를 보여 주었고, 취사 오두막에서는 한 부인이 얇은 냉장 고기와 치즈로 만든 모둠 요리와 커피를 차려 주었다. 그때 나는 어둠 속에서 쿠르룩 하는 소리를 들은 기억이 난다. 그것은 숲에서 둥지를 틀고 있던 공작이 내는 소리였다.

나는 쿤제 농장에서 두 달을 보냈다. 음식은 훌륭했고 풍성했다. 쿤제는 우리와 함께 식사를 했고 대화를 부추겼다. 간혹 대화가 과열될 때도 있었다. 쿤제는 프랭클린 루스벨트를 미워했다.

"그는 이 나라의 특성을 망쳐 놓았어. 우리를 거지 나라로 만들고 있다네."

취사 오두막의 한쪽 구석에는 조그만 서재가 있었다. 그곳에서 책을 가져가거나 갖다 놓을 때는 대장에 이름을 써넣어야 했다. 나는 쿤제에게 우리 가운데 독학을 원하는 사람들을 위해 모든 분야의 과학에 관한 서적들을 구해 놓으면 어떻겠느냐고 제안을 했다. 그는 독학에 관한 내 생각에 관심을 보였다. 그는 나에게 앞으로의 계획과 살아갈 방도를 물었다.

어느 날 저녁에 쿤제가 나를 그의 저택으로 초청했다. 그는 마실 것과 시가를 내놓았다. 나의 떠돌이 노동자 생활에 대한 그의 호기심에는 이상한 열기가 있었다.

"왜 자네만 한 지성인이 인생을 허비하는가? 지금은 모르겠지만 자넨 무일푼의 어찌할 수 없는 노인이 되고 말 걸세. 안정된 노후를 염두에 두지 않고 어떻게 그냥 살아갈 수 있는가?"

그는 내 대답을 기다릴 새도 없이 자신이 살아온 이야기를 했다. 환상적인 이야기였다.

쿤제는 위스콘신^{Wisconsin}에서 태어났다. 17세가 되던 1882년에 그는 샌프란시스코의 벌목장으로 일을 하러 갔다. 그리고 그곳에서 그는 인생의 목표를 좌우하게 할 한 장면을 목격했다. 그 장면은 마치 불로 지진 듯 그의 마음에 깊이 각인되어 그의 일생에 커다란 영향을 미쳤다. 사건은 목덜미가 굵은 젊은 벌목장 감독이 목재 더미를 분류하는 수척한 노인을 거들고 있었던 데에서 시작되었다. 그런데 그때 노인이 짧은 목재의 한쪽 끝을 들고 있다가 갑자기 그것을 놓쳐 버렸다. 손가락이 굳어 힘을 쓸 수가 없었던 것이다. 목재는 쿵하고 떨어지면서 하마터면 감독의 발가락을 찧을 뻔했다. 감독은 버럭 화를 냈다.

"이런 빌어먹을 영감 같으니라고! 나가서 지옥에나 떨어져라. 여긴 영감네들 집이 아니란 말이야. 엉덩이를 걷어차서 벌목장에서 쫓아 버려야겠군."

노인은 놀란 눈으로 굳어 버린 손가락을 쳐다보며 넋 나간 사람처럼 서 있었다.

그 사건이 있었던 날 쿤제는 벌목장의 일을 그만두었다. 그는 곧 철물상의 서기로 자리를 잡았다. 그는 이제 목표를 갖고 있었고 열심히 그것을 추구했다. 으르렁대는 감독을 보고 나서 그는 돈을 벌기로 마음먹었던 것이다. 그는 25세에 그 상점의 지배인이 되었고, 40세 때에는 큰 철물 회사의 사장이 되었다. 그는 상당한 재산을 모았고 마침내 안전한 궤도에 올랐다는 느낌을 가질 수 있었다. 이제 쿤제의 엉덩이를 걷어찰 사람은 아무도 없을 터였다.

그러나 57세의 나이에 쿤제는 돈에 대한 자신의 믿음을 상실하게 되었다. 독일과 다른 유럽 국가들에서 전후 인플레이션이 맹위를 떨치고 있다는 뉴스가 쿤제를 심리적 공황 상태로 몰아넣었던 것이다. 뒤에서 걷어차겠다고 으르렁대며 위협하던 감독의 정떨어지는 모습이 두려움과 함께 그대로 되살아났다. 그에게 초록색 달러 지폐는 이제 안전의 상징이 아닌 절박한 재난의 전령이었다. 그는 급히 독일로 가서 가치 없는 화폐가 사회를 문란하게 하는 현실을 직접 목격했다. 1,000마르크짜리 흰색 은행권은 한때 아무도 거역할 수 없는 권력과 꿈의 상징이었지만 이제는 종잇조각에 지나지 않았다. 빵한 덩어리를 사는 데에도 수백만 마르크가 필요했다. 쿤제의 눈에 그것은 세계대전이나 볼셰비키 혁명보다 더 큰 역사상 최대의 재앙이었다. 돈이 허공으로 사라지게 되는 데에는 구역질날 정도로 추하고, 외설에 가까운 어떤 것이 반드시 뒤따르게 마련이었다. 쿤제는 베를린과 파리, 런던의 미국 대사관을 방문했다. 그러나 그들로부터 별다른 대답을 듣지 못한 채 되돌아왔다. 서구 문명과 기독교의 운명은 가느다란 실에 매달려 있었다. 피땀을 흘려 가며 모은 돈이 허공으로 사라지는 것을 본 사람들은 문명과 제도에 대한 믿음을 상실하게 될 판이었다.

쿤제는 직접 곡식과 고기를 생산하는 사람만이 안전이라는 방책을 지닐 수 있다고 생각했다. 그리고 이 같은 쿤제의 열정적인 안전 추구는 그를 농부로 변신하게 했다.

쿤제가 이야기를 마쳤을 때 나는 웃고 있었다. 그는 놀란 표정으로 말했다.

"난 자네를 이해할 수 없네. 미래를 생각해 본 적이 없나? 어떻게 지성적인 사람이 안전에 대한 생각을 하지 않은 채로 살아갈 수 있단 말인가?"

나는 진지하게 대답했다.

"믿지 않으실 테지만 제 미래는 당신보다 훨씬 더 안전합니다. 당신의 농장이 안전을 보장해 준다고 생각하실 테지만 혁명이 일어나면 당신은 농장을 소유할 수 없습니다. 하지만 떠돌이 노동자인 저는 걱정할 것이 하나도 없죠. 화폐와 사회 제도에 어떤 변화가 일어나건 씨 뿌리고 수확하는 일은 계속됩니다. 물론 그 일은 저 같은 사람을 필요로 하고요. 절대적 안전을 원한다면 부랑자 무리에 섞여 떠돌이 노동자로서 생계를 유지하는 법을 배우세요."

대단한 농담처럼 느껴져 우리는 함께 웃음을 터뜨렸다.

쿤제가 남긴 놀라운 유언

1년쯤 뒤에 사과 따는 시즌을 맞아 시배스토폴^{Sebastopol}로 가는 기차를 기다리고 있을 때, 나는 사람들 틈에서 침낭을 멘 키 크고 나이 든 남자에게로 눈길이 쏠리는 것을 느꼈다. 그는 내게 아주 친숙한 느낌을 주었다. 마치 내가 알고 있는 어떤 사람 같아 보였다. 기억을 떠올리다가 갑자기 '쿤제'라는 말이 생각났다.

나는 반가운 마음을 자제할 수 없어 그를 불렀다.

"여보세요, 쿤제 씨."

그는 놀란 눈으로 나를 쳐다보며 말했다.

"내 이름은 시거트^{Siegert}요."

나는 아무래도 좋다는 표정으로 말했다.

"당신은 프레스노 근처의 백만장자 농부를 빼다 박은 듯이 닮았어요. 그 사람의 이름이 쿤제였죠. 당신은 쿤제라 해도 그대로 믿겠는데요. 우리가 무슨 일을 할 수 있을지 생각해 봅시다! 쿤제를 납치하고 그 자리에 당신을 세운다면 아무도 눈치채지 못할 겁니다. 그 다음부터 우리는 행복하게 살 수 있을 테죠."

우리는 함께 웃었다. 그는 말했다.

"이 세상에 자기와 닮은 사람은 수천 명 정도는 될 거요. 당신은 쌍둥이처럼 자신과 꼭 닮은 사람을 한 번도 만난 적이 없단 말이오?"

나는 그 말에 고개를 끄덕이면서 그에게 빌의 이야기를 해 주었다. 나는 그에게 계속 쿤제라고 불러도 괜찮겠느냐고 물었다. 그는 웃으며 말했다.

"당신이 부르고 싶은 대로 부르구려."

우리는 잠시 함께 다니다 내가 남부 캘리포니아로 가는 기차를 타면서 헤어졌다. 그는 좋은 짝이었다. 그다음 몇 달 동안 그를 여러 번 만났지만 그 후로는 보지 못했다. 그 후 10년 동안 쿤제에 관한 생각을 잊고 살았는데, 어느 날 『프레스노 비^{Fresno Bee}』지의 앞면에 실린 그의 부음 기사를 보게 되었다. 『프레스노 비』의 일요판에는 쿤제의 유언을 알리는 기사가 실려 있었는데, 내게 그것은 환상적인 느낌을 주었다. 그것은 미래에 대해 병적인 두려움을 지니고 있었던 사람과는 전혀 다른 새로운 쿤제였다. 새로운 쿤제는 성숙하고 현명했다. 가장 놀라운 항목은 유언의 마지막 두 가지였다.

하나는 음악을 비롯한 각 예술 분야에서 창조적인 작업을 육성하기 위해 50만 달러를 프레스노 카운티에 기증한다는 것이었다.

"가치 있는 음악 작품을 작곡하거나 어떤 매체이건 예술 작품을 창조한 프레스노 지역 사람들에게 최소 1,000달러 이상의 상금을 주어야 할 것이다. 수년간 계속 노력해 온 사람들은 상을 받을 만하다고 본다. 우리는 중년의 나라가 되어 가고 있다. 그것이 해로운 것은 아니지만 우리는 늙은 사람들에게 창조적 활기를 자극하고 그것을 유지하게 하는 방도를 찾아야 한다. 우리는 40대의 인간은 새로운 시작이 불가능한 완성품이라는 터무니없는 가정을 배척해야 한다. 40대가 청소년보다 배우는 것이 쉽지 않다거나 쉽게 잊는다는 증거는 없다. 중년은 보다 감각이 예민하고, 인생의 소중함을 알고 있으며, 관찰과 행동에 있어 끈기가 있다는 것은 의문의 여지가 없다. 우리의 경제 시스템은 안정적 수입원을 확보하는 데 인생의 절반을 필수적으로 소비하도록 하고 있다. 현실이 그러하더라도 이제 남은 나머지 절반은 상부 구조의 건설에 바쳐져야 한다. 그러나 거기에 손대는 사람은 100만 명 가운데 한 명도 없다. 우리에게 은퇴란 희화이고 잔인한 농담이다. 우리의 쇠락하는 여생이 권태와 실망으로 찌들고 있다는 점에서 미국적 생활 양식은 단죄되어야 한다. 노년은 감미롭고 향기로운 인생의 열매여야 한다."

"그러므로 프레스노 지역의 중년과 노년은 모두 손에 붓과 물감을 들고 나서야 한다. 아무도 우리의 초여름 언덕을 회색이 감도는 분홍색과 창백한 황금색을 뒤섞어 물들여 놓을 수는 없다. 아무도 포도원의 초록과 아몬드, 복숭아, 살구, 자두, 오렌지, 올리브 나무의 초록, 밀, 귀리, 클로버, 알팔파 밭의 초록, 목초지와 소택지의 초록 등 무한히 다양한 초록색들을 포착할 수는 없다. 또한 우리의 흙은 검은색과 회색, 붉은색, 갈색이고, 밭에서는 푸른색이 도는 황금색이기도 하다."

"음악에 대해 말하자면, 지금 우리 프레스노 주민들의 마음속에 잠자고 있는 새로운 멜로디는 수천 가지가 될 것이다. 그 멜로디들을 밖으로 끌어내어 노래를 하거나 연주하게 하자. 그리고 그 멜로디에 생의 흔적이 실려 있다면 상을 주어야 할 것이다. 음악 기보법을 아는 이라면 새들의 지저귐과 잎사귀에 바람이 스치는 소리, 벌들의 윙윙거림, 개울과 관개 수로의 물 흐르는 소리, 서풍의 울부짖음, 고요한 밤에 낮게 들려오는 슬픈 기차 소리를 기록할 수 있을 것이다."

쿤제의 유언의 마지막 항목은 유머가 넘치는 것이었다. 프레스노 정거장으로부터 걸어올 수 있는 거리에 위치한 대지 약 6만 705㎡에 떠돌이들의 '정글'을 세울 수 있도록 4만 달러를 기부한다는 것이었다. 합숙소는 가운데 마당으로 분리되는 좌우 2동의 건물로 이루어지는데, 한 동에는 샤워실, 다른 한 동에는 세탁을 할 수 있는 수조가 설치될 터였다. 가운데 마당에는 고정된 캠프 화로가 설치되는데, 화로에 쓸 장작은 마당 바깥에 쌓아 둘 예정이었다. 마당 쪽으로 난 대문의 가로대에는 벽화가 그려지는데, 그 내용은 옥좌에 앉은 신이 천사들에게 둘러싸여, 어깨에 침낭을 멘 떠돌이 행색의 사탄을 마주 보고 있는 것이었다. 벽화 밑에는 욥기Book of Job에서 인용한 구절이 새겨질 터였다.

"야훼가 사탄에게 물었다. '너는 어디 갔다 오느냐?' 사탄이 대답하였다. '땅 위를 이리저리 돌아다니다가 왔습니다.'"

유사성과 차이에 관한 단상

평범하고 일상적인 것들의 역사

차이점을 설명하기보다는 유사성을 이해하는 것이 더 쉽다. 아이들은 왜 인간이 다른 생물과 공통되는 것이 많은지 이해할 수 있다. 그러나 인간의 유일무이성을 설명하려고 할 때 아이들은 언어의 기원에 관한 풀리지 않는 미스터리에 직면하게 된다. 또한 인접한 나라인 독일과 프랑스가 왜 서로 공통점이 많은가를 이해하기는 쉽다. 그러나 두 나라의 차이를 설명하기는 어렵다. 또 고대 히브리인과 페니키아인을 포함한 이웃의 다른 나라 사람들과의 사이에 왜 그처럼 공통점이 많은가를 이해하기는 쉽다. 그러나 지금까지 왜 히브리인만이 지상의 다른 종족들과는 달리 유일신을 고안해 내고 따라서 자신들도 유일 종족이 되었는지를 설명해 준 사람은 없다. 특이한 것에 직면할 때마다 나는 어딘가에 숨은 비밀이 있으며 그걸 알아내야 한다고 생각했다.

샌호아퀸 계곡을 여행할 때에는 모데스토^{Modesto}라는 마을의 특이함에 이끌리게 된다. 기후도 같고, 재배하는 작물도 같고, 살고 있는 사람들의 부류도 같은 터록^{Turlock}, 모데스토, 마데라^{Madera}, 메르세드^{Merced} 등으로 이어진 작은 그 마을들 가운데 모데스토만이 기독교권의 대단히 아름다운 잔디밭을 갖고 있다. 마을은 가옥들이 점점이 박혀 있는 거대한 잔디밭으로 이루어져 있다. 이곳 주민들은 오로지 잔디 깎는 일에 몰두하는 것처럼 보인다. 잔디가 시멘트 보도를 침범해도 아무도 그걸 막지 않는다. 공원 관리소는 1주일 만에 잎이 다 떨어지는 회나무를 키우는데, 그것은 잔디밭이 죽은 잎의 그늘에 가려 시들게 되는 것을 막기 위해서이다.

모데스토의 잔디밭은 어떻게 된 것일까? 나는 며칠 동안 그 비밀을 알아내기 위해 거리를 돌아다녔다. 그러나 단서를 찾을 수 없었다. 시청 사람들과 지방 신문사 사람들에게도 물어봤지만 답을 듣지 못했다. 아무도 아는 사람이 없었다. 도서관으로도 가 보았지만 모데스토의 역사를 찾을 수 없었다. 그런데 어느 날 아주 우연히 또는 아마 산 자가 답을 모른다면 죽은 자에게 물어볼 수밖에 없다는 무의식적인 논리에 이끌려서인지도 모르겠지만 나는 공동 묘지를 찾아갔다. 그곳에서 가장 오래된 무덤의 주인은 영국 남부의 에식스^{Essex}

지방 출신이었다. 그 무덤을 보면서 나는 모데스토의 잔디밭은 에식스 지방에서 연유하여 고안되었을 것이라는 결론을 얻게 되었다.

유사성은 자연적인 것이지만 차이는 인간에 의해 만들어진다는 것이 내 생각이다. 그 차이를 처음 만들어 낸 사람의 이름을 알 때도 있지만 대개의 경우 그런 사람들은 묘비도 없고 찾는 이도 없는 무덤 속에 묻혀 있다. 역사는 저항할 수 없는 힘에 의해서가 아니라 본보기에 의해 만들어진다.

평범하고 일상적인 사건들이 역사에 해결의 빛을 비춰 준다는 사실을 확인한 뒤 나는 몹시 기뻤다. 아마 우리의 기록된 역사와 관련한 문제는 역사가들이 과거에 대한 통찰을 현재에 대한 연구에서가 아니라 고대 유물과 기록에 대한 연구에서 끌어냈다는 데에 있을 것이다. 내가 아는 어떤 역사가도 다른 우회로가 아니라 현재가 과거를 해명해 준다는 사실을 받아들이지 않을 것이다. 대부분의 역사가들은 그들의 눈앞에서 벌어지는 일에는 관심이 없기 때문이다.

Money

Whoever originated the cliche that money is the root of all evil knew hardly anything about the nature of evil and very little about human beings.

돈이 모든 악의 근원이라는 상투어를 만들어 낸 사람은 악의 본질에 대해 아무것도 모르며, 인간에 대해서는 거의 아는 게 없다.

영원한 이방인으로 살아가다

돈이 가진 힘을 깨닫다

친숙한 것을 새로운 것으로 보이게 하는 것이 바로 창조적인 예술가의 힘이다. 나의 경우 예술가가 나의 운명이다.

어느 해인가 북부 캘리포니아에서 심하게 볶아 대는 농부를 위해 일을 한 적이 있었다. 그는 건초 일을 하는 동안 자신의 말은 자주 쉴 수 있게 해 주면서 우리가 한숨을 돌리려고 일손을 멈추면 자신을 속인다고 생각하면서 마구 일을 재촉했다. 우리는 하루에 10시간씩, 말들이 마구간으로 돌아가고 난 이후에도 오랫동안 일을 계속해야 했다.

힘든 하루 일을 끝낸 어느 날 저녁에 나는 누군가가 수조 벽에 걸어 놓은 거울 조각에 비친 내 얼굴을 보았다. 거칠고 수척한 모습에 나는 깜짝 놀랐다. 앞뒤 생각할 겨를도 없이 나는 침낭을 싼 다음 농부에게 달려가 내 품삯을 달라고 했다. 그는 놀란 것 같았지만 50달러 정도를 대부분 1달러짜리 지폐로 끌어모아 주었다. 새크라멘토 행 버스는 언제라도 탈 수 있었기 때문에 지폐 뭉치를 정리도 하지 않은 채로 고속도로에 다다르자 곧 버스가 시야에 들어왔다. 한 줌의 지폐 뭉치를 흔들자 버스가 멈추었다. 내 자리를 찾았을 때 나는 계속 지폐 뭉치를 응시했다. 갑자기 내 손에 쥐고 있는 것이 평범한 달러가 아니라 놀라운 힘을 지닌 부적이라는 느낌이 들었다. 내가 할 일은 부적을 흔드는 것이었고, 세상은 내가 시키는 대로 할 터였다. 그걸 흔들자 버스가 섰고 잠시 후 새크라멘토에서 그걸 흔들면 사람들이 나를 목욕시키고, 옷을 입히고, 먹여 주고, 재워 주기 위해 달려들 터였다. 내가 시키는 대로 하는 사람에게는 그가 누구이든 나는 그 부적의 일부를 떼어 줄 것이다.

2주일 넘게 돈이 다 떨어질 때까지 내 인생은 행복했던 옛날이야기 같았다. 갑자기 나는 돈이 얼마나 중요한 발명품인가를 깨달았다. 인간의 진보와 더불어 자유와 평등의 등장에 필수불가결한 단계였던 것이다. 돈이 없는 사회에서는 절대 권력이 지배하게 될 것이므로 선택의 자유가 없고, 무자비한 힘이 분산될 수 없으므로 평등도 없다. 돈의 힘은 강압이 없이도 조절될 수 있다.

약한 소수 민족인 유대인과 아직 봉건 영주의 발굽 아래 있었던 상인 계급이 은행의 발전에 지대한 역할을 해 왔던 일을 생각해 보면 돈은 약자들이 고안해 냈다는 것이 설득력이 있는 것 같다. 절대 권력을 휘두르는 이들은 언제나 돈을 증오했다. 그들은 사람들이 자신의 고상한 이상에 따라 움직이기를 기대하고, 공포를 이용해서 권력을 지탱하려다 죽는다. 돈이 지배적인 역할을 멈추는 순간에 자동적인 진보는 그 종말을 맞을 것이다. 그리고 문명의 몰락은 통화의 붕괴로 나타날 것이다. 돈과 이윤의 추구는 사소하고 천박해 보일지도 모른다. 그러나 고상한 동기에 의해서만 활기를 띠게 된다면 사람들이 움직이고 분투하는 곳에서 영위되는 일상생활은 빈약하고 궁색해지기 십상이다.

친숙성은 생의 날카로운 날을 무디게 한다. 아마 예술가의 본모습은 이 세상에서의 영원한 이방인이거나 다른 별에서 온 방문객일 것이다.

떠돌이 노동자에서 부두노동자로

부두노동자로의 인생을 시작하다

진주만 공습 사건은 떠돌이 노동자로서의 내 생활을 끝내게 해 주었다. 그 무렵에 나는 전쟁의 승리에 한몫을 하기 위해 샌프란시스코로 달려갔다. 운좋게도 나는 주립 무료 직업소개소를 통해 부두동자 노동조합으로 갈 수 있었다. 지금까지 우연이 내 생활을 꾸려오게 했지만 내가 부두노동자가 되게 한 데에 비교할 만한 경우는 없었다. 부두노동자와 떠돌이 노동자 사이에는 공통점이 많았다. 길에서나 부두에서나 안정적인 일이라는 것은 없었다. 부두에서 1주일에 7일을 일할 경우, 7명의 다른 보스를 위해 7척의 배 위에서 각기 다른 사람들과 함께 일하게 된 것은 우연치곤 좋은 것이었다. 노조원들은 내가 길 위에서 만났던 여러 인종을 뒤섞어 놓은 것 같았다. 그러므로 길에서 부두로의 이동이 극적인 변화는 아니었다. 노조에서 일하게 된 첫날부터 나는 편안하다는 느낌이 들었다.

또한 나는 노조가 정신적으로 자극을 주는 면이 있다는 것을 알았다. 노조가 움직이는 것을 지켜보면서 나는 미국의 특이함과 역사적 과정의 메커니즘에 대해 계속 생각했다. 노조는 하찮은 사람들에 의해 운영되었다. 부두노동자는 누구든 노조의 조합장이 될 수 있었다. 문맹을 겨우 면한 부두노동자가 조합장으로 활동하면서 자기 일을 유능하게 해내는 것을 지켜보는 것은 경이로웠다. 노조에는 제법 교육을 받은 사람이 몇 명 있었는데, 그들은 평범한 부두노동자가 고위직에 선출되어 그런대로 일을 잘해 나가는 것을 보며 하나같이 열등감을 느끼고 분통을 터뜨렸다. 다른 나라에서라면 엘리트들에게 주어지는 일을 이 나라에서는 하찮은 사람이 해내는 것이 미국이 지닌 특이함의 일부라고 그들은 생각할 수가 없었던 것이다. 미국처럼 노조도 한 사람의 리더에 의해 만들어졌다. 해리 브리지^{Harry} ^{Bridges} •는 제퍼슨^{Jefferson}과 같은 부류의 사람이었다. 제퍼슨처럼 그

• 해리 브리지(Harry Bridges, 1901~1990): 미국 노동운동가. 오스트레일리아 선원 출신으로, 1920년 샌프란시스코에 도착해 노조운동에 뛰어들었다. 이후 1934년 미국 전역에 걸친 총파업을 주도해 승리로 이끌었고, 1937년 국제 항만노동자와 창고업자 조합(ILWU: International Longshore and Warehouse Uion)을 결성해 40년간 위원장을 역임했다. 민주적 원칙과 조합원들의 복리에 중점을 둔 노동조합의 근간을 확립하는 데 기여했고, 세계 노동자들의 사회적, 정치적 행동에 관한 신념을 심어 주었다. 사후에는 워싱턴 대학교 내에 해리 브리지 강좌가 개설되었고, 2001년 샌프란시스코의 페리 빌딩 앞에 그의 공적을 기리는 해리브리지플라자가 조성되기도 했다.

도 리더 없이 움직이는 조직을 창안했던 것이다.

보통 사람들이 움직이는 조직이 그처럼 배타적이라는 것이 처음에는 역설적인 것 같았다. 노조가 신참자에게 문호를 개방한 것은 전쟁 때뿐이었다. 보통 때 노조에 가입하는 것은 배타적인 귀족 클럽에 가입하기보다 더 어려웠다. 실제로 보통 사람들이 교육받은 사람보다 나눔에 더 여유가 있다는 생각은 감상적인 것이다. 보통 사람들이 갈망하는 것은 귀족이 되는 것이다.

나는 또한 역사에서 보통 사람들이 한 역할에 관해 생각해 봤다. 18세기 말까지 보통 사람은 엘리트의 손에 의해 주물러지는 수동적인 존재였다. 미국의 탄생과 프랑스 혁명의 발발로 보통 사람이 역사의 무대 위에 오르게 되었다. 20세기의 혁명들은 보통 사람들이 만든 역사에 대한 반동이다. 보통 사람이 고위직에 오르는 것은 레닌 시대의 러시아에서보다 차르 시대에 더 쉬웠다. 19세기 내내 지식인들은 민주적인 사회에 대항해 전쟁을 벌였고, 20세기에 들어와 그 전쟁에서 승리했다. 승리를 거둔 지식인들은 선배들보다 더 절대적인 체제를 세우는 경우도 있었다. 지식인이 지배하는 사회에서 보통 사람의 삶은 엘리트들의 황금기인 중세 시대의 자신들의 삶과 다를 바가 없다.

나의 부두노동자 생활 25년은 내 인생에서 결실이 많은 시기였다. 나는 글쓰기를 익혔고 여러 권의 책을 출판했다. 내가 작가가 된 일은 노조의 어느 누구에게도 별다른 인상을 주지 못했다. 부두노동

자들은 노력만 하면 자신들이 할 수 없는 일이 없다고 믿는 사람들
이었다.

내게 행복의 순간이 있었던가?

완전히 회복될 수 없는 순간들

내가 정말 행복했던 순간이 있었던가? 헬렌과 함께한 생활은 진정 행복했다. 그녀가 자정이 지난 밤에 카페테리아에 나타나 두 팔로 나를 껴안고 키스했을 때 무엇과도 비교할 수 없는 드문 행복의 순간을 맛보았다. 그럼에도 그런 드문 순간의 행복은 참된 것이 아니었다. 내가 그럴 만한 가치가 있는가 하는 끊임없는 자격지심과 의혹으로 가득 찬 행복이었다.

아니다! 하퍼^{Harper} 출판사로부터 『맹신자들 *The True Believer*』을 출판하겠다는 전화를 받았을 때, 나는 오직 한 번 참된 행복의 순간을 맛보았다. 운명의 사랑을 받는 불멸의 존재가 평범한 인간 여정 위로 솟아오르는 것 같았다. 내가 그만한 가치가 있는가 하는 의문도, 미래에 대한 두려움도 없었다.

다행히도 나는 들뜬 마음을 함께 나눌 사람이 없었다. 그로 인해 순간의 우월감이 꾸준한 확신으로 전환될 수 있었던 것 같다. 나는 곧 냉정을 되찾았고, 마침내 노력하면 누구라도 좋은 책을 쓸 수 있다는 부두노동자의 평상심을 다잡을 수 있었다. 내 책들이 언제 어떤 순서로 나왔는지 기억나지 않는다. 나는 써야 하기 때문에 쓴다. 나는 나 자신을 작가로 생각하지 않는다.

행복이란 거의 없다. 나이 든 사람들은 그중에서도 우리가 원하는 것을 얻었을 때는 더욱 그렇다는 것을 증언하고 있다. 노년에 자신의 생을 되돌아본 많은 위인들은 자신들의 행복했던 순간들을 합쳐 보아야 채 하루가 되지 못한다는 것을 알았다.

나는 완전히 불행했던 순간들을 살았던 것일까? 내가 헬렌에게서 달아난 이후로는 순간들이 아니라 몇 년 동안 불행에서 벗어날 수 없었다. 이별은 마음과 몸 모두를 해쳤다. 전에도 이야기했듯이 나는 결코 완전히 회복된 적이 없었다.

진정으로 용서한다는 것

용서하는 마음은 용서를 낳는다

나는 불만을 품었던 적이 없다. 그리고 항상 그렇다고 생각했지만 되돌아보면 세상이 나를 실제보다 더 잘 대해 준 것 같다. 그것은 칼에 찔린 단 한 번의 경험에서 잘 드러난다. 술 취한 한 멕시코인이 내 넓적다리를 가랑이에서 무릎까지 칼로 그은 적이 있었다. 모두가 술에 취해 고성을 지르는 막사에서 나 혼자 술을 마시지 않고 있다는 것이 그의 화를 돋웠다. 내 기억에 그때 내가 처음 생각한 것은 그 멕시코인을 죽이는 것이 아니라 즉시 병원으로 가야 한다는 것이었다. 병원에 있는 동안 나는 그 멕시코인을 생각한 적이 없다. 그 이후에 나는 그가 감옥으로 갔다는 이야기를 들었다.

몇 달 뒤에 내가 달리는 유개차 위로 올라갔을 때 누군가가 어깨 너머로 나를 힐끔힐끔 보면서 다음 화차로 뛰어 넘어가는 것을 보았다. 그는 계속 달리고 뛰어넘기를 반복했다. 바로 그 멕시코인이었다. 나는 그에게 두려워할 것 없다며 안심시켜 주고 싶었다. 이 나라에서는 앙갚음을 하고 보복하는 것이 남자다운 것으로 받아들여진다. 신체에 대한 공격이 자주 벌어진다면 내가 어떻게 처신해야 할지는 모르겠다. 그러나 아마도 내 체구 때문인 듯 다툼이 있어도 나는 그대로 내버려 두는 것이 보통이었다.

  드라마틱한 보복을 목격했던 기억이 난다. 언젠가 플래서빌로 가는 트럭을 얻어 탄 적이 있었다. 내가 운전사 옆에 자리를 잡았을 때 어디에선가 쉭쉭 하는 소리가 들렸다. 카뷰레터가 과열된 것일까? 그때 나는 그 소리가 방울뱀으로 가득 찬 광주리에서 나는 것임을 알았다. 촘촘한 철망으로 짠 광주리는 운전사의 발 옆에 놓여 있었다. 이상한 화물이었다. 운전사는 한 마디도 하지 않았다. 플래서빌에 도착했을 때 운전사는 한 살롱 앞에 트럭을 세웠다. 그러고는 광주리를 들고 안으로 들어갔다. 몇 분 뒤 큰 소동이 벌어졌고, 사람들이 웃거나 욕설을 퍼부으며 살롱에서 쏟아져 나오는 것이 보였다. 나는 곧 무슨 일이 벌어졌는지 알게 되었다. 몇 주 전에 술에 취한 그 트럭 운전사가 살롱 주인의 손에 끌려 나와 아스팔트 위에 내동댕이쳐진 일이 있었던 것이다. 그는 이제 방울뱀이 가득한 광주리를 풀어 보복을 하고 있었다. 그는 그 술집을 혼란에 빠뜨려 장사를 망

치려고 했던 것이다.

다른 사람을 기꺼이 용서하는 것은 나 자신을 용서할 수 있게 하기 위한 방도가 될 수 있다. 내가 불만 품는 걸 내키지 않아 하는 것은 후회하는 일이 없도록 하기 위함이다.

부록

에릭 호퍼에 대하여

일흔두 살의 에릭 호퍼

—셰일러 K. 존슨(Sheila K. Johnson)

이 글은 1974년 7월 21일 『샌프란시스코 크로니클(San Francisco Chronicle)』에 「Eric Hoffer at Seventy-Two」라는 제목으로 실린 인터뷰를 옮긴 것이다. 기사를 쓴 셰일러 K.존슨의 기꺼운 허락을 받아 게재한다.

은퇴한 부두노동자이자 철학자, 저술가인 에릭 호퍼는 7월 25일 이면 72세가 된다. 그러나 인간의 조건에 관한 다년간의 사색에도 불구하고 그는 미국에서 나이를 먹는 문제에 대해서는 거의 주목을 하지 않았다. 그는 직접 질문을 받고는 그 점을 시인했다.

"그래요, 물론 미국은 나이 먹는 게 무서운 나라지요. 그리고 샌 프란시스코는 그런 점에서는 무서운 도시예요. 예를 들어 공공장소 에는 앉을 벤치가 없어요. 나는 한쪽 다리가 의족이어서 10블럭쯤 가다가 몇 분씩 앉아서 쉬어야 해요. 그런데 벤치가 없어요. 그래서 난 소화전에 앉을 수밖에 없어요. 한번은 앨리오토^{Alioto}에게 이야기 했더니 그가 하는 말이라고는 '음, 위가 평평한 소화전을 설치해야 겠군요'라는 게 고작이었지요."

그리고 범죄에 대해서는 다음과 같이 말했다.

"요즘 날치기 강도들은 나이 든 이들만 노리고 있어요. 나는 습격당한 적이 없는데, 그들은 내가 한 명 정도는 잡고 늘어질 것이라고 생각하기 때문인 것 같아요. 그러다가 아마 내가 죽을지도 모르지만 난 싸울 거예요."

일생 동안 거친 동네의 허름한 방에서 살아온 뒤, 그는 지난 3년 동안 샌프란시스코의 부두 가까운 곳에 위치한 조금 고급인 아파트 단지에서 살고 있다. 그는 자신이 선택한 새로운 환경이 길거리 철학에 대한 미묘한 배신으로 받아들여지거나, 노령에서 오는 초조감이나, 평온의 필요성에 굴복한 것으로 받아들여지는 것이 두려운 듯 약간의 변명을 했다.

"내가 마지막으로 살았던 곳은 차이나타운이었어요. 소음이 나를 거의 미치게 만들었지요. 나는 소음을 내는 이웃의 아이들에게 병 같은 것들을 던지기 시작했는데, 릴리가 걱정이 되어 나에게 이곳을 찾아 준 거예요."

릴리, 에릭 호퍼의 가장 소중한 동반자

여기서 말하는 릴리란 릴리 페이빌리^{Lili Fabilli}를 뜻한다. 호퍼는 그녀가 동료 부두노동자 셀든 오스번^{Selden Osborne}과 결혼한 해인 1950년에 그녀를 만났다. 50대 초반인 릴리는 이탈리아 이민 출신으로 미모의 건장한 여성이다.

"나는 진짜 농사꾼이에요."

그녀는 언제나 그렇듯 자랑스럽게 말한다. 그녀는 호퍼의 생에서 중요한 역할을 맡고 있는데, 아마 그녀가 그런 일을 하고 있는 유일한 경우일 것이다. 호퍼는 거의 매 주말마다 저녁 식사를 하러 그녀의 집으로 간다. 그녀는 그에게 오는 연락을 분류, 정리하는 역할을 하고 있다(호퍼는 전화가 없다). 그리고 걸어서 가기 어렵거나 버스를 타고 가기 어려운 디너 파티장이나 약속 장소로 그를 태워다 준다(호퍼는 자동차를 운전하지 않는다).

호퍼와 릴리는 서로에 대해 대단한 존경과 애정을 갖고 있지만 그들의 관계는 또한 입 밖으로 드러나지 않는다. 그는 다정하게 말한다.

"그녀의 집에 한번 가봐야 할 거예요. 벽이나 그림, 가구 등의 구석구석에서 릴리의 개성이 드러나는 것을 보면 거의 질겁할 겁니다."

그러나 그녀는 호퍼의 아파트는 애써 '꾸미는 것'을 피했다. 호퍼의 집은 수도원의 독방처럼 질박하고 어제 이사 온 것처럼 보인다. 아파트는 방 하나와 입구 근처의 간이 부엌으로 이루어져 있다. 간이 부엌 너머로 한쪽 벽을 따라 단 하나의 서가가 있고, 그 위로 주로 참고 서적들(백과 사전 한 권, 비축쇄판 사전 한 권)과 호퍼 저작의 번역판(독일어, 이탈리아어, 일본어)들이 놓여 있다. 서가 다음에는 꺾기식 조명등과 낡은 의자가 딸린 큰 책상이 있다. 반대편 벽에는 좁은 싱글 침대가 있고, 그 발치에는 나이트 스탠드와 커피 테이블의 두 가지 역할을 하는 접이식 고물 재봉 바구니가 있다(아마 릴리의 손이 간 것은 그것뿐일 것이다). 벽의 그림도, 안락의자도, 마루 램프도, 텔레비전도, 라디오도, 축음기도 없다. 간단히 말하자면 성가신 것은 하나도 없다. 성가시다고 할 수 있을 유일한 것은 그가 25년 동안 일한 부두가 내려다보이는 조그만 발코니의 풍경뿐이다.

진정 의미 있는 삶이란……

"어떤 사람은 부두노동자들을 볼 수 있게 망원경을 하나 구하라고 했지만 그렇게 한다면 대포도 하나 장만해야 할 거예요. 왜냐하면 일하지 않는 녀석의 머리통을 날려 버리고 싶어질 테니까요. 거기에는 요즘 사람들 거의 모두가 포함될 거예요."

일하는 미국인들에 대한 그의 존경심과 그의 정치적 감각, 그의 튼튼한 현실 인식에서 볼 수 있듯이, 일은 호퍼의 철학과 생애에서 위대한 테마로 자리 잡고 있다. 그러나 이 나라에서 은퇴와 노령을 그처럼 곤궁하게 만든 것은 노동의 가치에 대한 그런 강조 때문이기도 하지 않을까?

호퍼는 일에 대해 다음과 같이 말했다.

"난 생계비를 벌기 위해 하는 일을 이야기하는 게 아니에요. 우리는 일이란 의미가 있어야 한다는 생각을 버려야 해요. 이 세상에는 모든 이들이 만족감을 느낄 수 있을 만큼 충분히 의미가 있는 일이라는 건 있을 수 없어요. 산타야나(Santayana)는 일이 의미 있기를 요구하는 것은 인간의 몰염치라고 말했어요. 당신도 알다시피, 산업 사회에서는 수많은 일이 끝내고 나면 별 의미가 없는 그런 것을 요구하지요. 내가 하루에 6시간씩 1주일에 5일 이상 일을 해서는 안 되며, 일이 끝난 뒤에는 실질적인 생활이 시작되어야 한다고 생각하는 이유는 바로 그 때문이에요".

호퍼는 젊은이나 늙은이를 가릴 것 없이 흥미를 갖는 사람이면 누구에게나 숙련공들이 자신의 기량을 보여 주고 가르칠 수 있는 가게를 열 수 있는 중앙 광장이나 중앙로를 모든 도시에 갖출 것을 제안했다.

"의미 있는 생활은 배우는 생활입니다. 사람은 자신이 자부심을 가질 수 있는 기술을 습득하는 데 몰두해야 해요. 나는 기술 요법이 신앙 치료나 정신 의학보다 중요하다고 믿고 있어요. 기술을 습득하게 되면 그 기술 자체는 쓸모없는 것이라고 할지라도 당신은 자부심을 느낄 수 있습니다. 다섯 살 난 아이를 지켜본 적이 있는 사람이라면 누구나 기술을 익히려는 아이들의 열망을 목격했을 겁니다. 나는 어른스러움이란 다섯 살 난 아이가 놀이를 할 때 보여 주는 진지함을 재획득하는 것이라고 말한 적이 있습니다. 보들레르가 천재를 '다시 찾은 유년'이라고 정의한 것을 읽기 전까지 나는 내가 한 이 말을 독창적이라고 생각하고 있었지요."

그런 태도를 감안하면 호퍼는 일과 여가 사이를 가를 때 거론되는 차이를 거부한다. 그것은 은퇴한 사람들의 여가 시간을 어떻게 채우는가를 문제로 보는 것을 거부하는 것이다.

"이 나라에서는 지금 나이 든 이들에게 아주 좋은 일이 벌어지고 있습니다. 우리는 우리가 자유와 정의, 평등 등을 가졌을 때 모든 것이 잘될 것이라고 생각해 왔습니다. 그러나 이제 우리는 그런 것들이 사회의 생명을 이루는 속성이 아니라는 것을 알아챘습니다. 사람은 의미 있는 생을 살아야 합니다. 우리가 모든 이들을 위해 그 문제를 해결한다면, 우리는 나이 든 이들의 문제도 해결하는 것이 되겠지요. 사람들이 하루 6시간만 일을 하고, 그다음에는 자신이 정말 좋아하는 것을 추구한다면 은퇴라는 것은 별 의미가 없을 것입니다. 은퇴란 단지 자신들이 이제까지 줄곧 해 왔던 것들에 좀더 많은 시간을 보낼 수 있게 해 주는 것일 뿐이지요."

일과 후의 일이 의미 있어야 한다는 개념은 호퍼 자신의 경험에 뿌리를 둔 것임에도 불구하고, 그는 처음에는 부두에서 은퇴하는 것이 쉽지 않다는 것을 알았다.

"한평생 나는 모든 사색을 분주히 돌아다니면서 해 왔습니다. 번쩍이는 모든 생각들은 일을 하던 중에 떠오른 것들입니다. 나는 따분하고 반복적인 일터에서 일하는 경험을 즐기곤 했지요. 파트너에게 이야기를 하면서 머리 뒤쪽에서 문장을 짜 맞추었던 거지요. 그러다가 은퇴를 하고 나서 나는 세상의 모든 시간을 내가 다 차지했어도 뭘 할 수 없다는 걸 알았습니다. 아마 머리를 아래로, 엉덩이를 위로 하는 것이 사유의 가장 좋은 자세일 겁니다. 동시에 두 방향으로 끌어당기는 것은 영혼의 스트레칭이라고 할 수 있습니다. 그 방법은 아주 생산적이지요."

그는 이제 그런 창조적인 긴장을 어느 정도 재창조하는 방식을 찾아냈다.

글을 쓴다는 것에 대하여

"어린 시절에 눈이 멀게 되었다가 다시 시력을 되찾았을 때 나는 끊임없이 소설을 읽곤 했지요. 아직도 소설을 좋아하지만 그것은 나 자신을 위한 즐거움이기 때문에 그 일에 죄의식을 느끼기도 합니다. 소설에 푹 빠져서 노트를 하지 않기 때문입니다. 그래서 이제는 소설을 읽기 시작하면 책상 위의 한구석으로 밀쳐 두지요. 소설로부터 나 자신을 끌어내 글을 쓰게 하려고 말입니다. 내게 글쓰기는 육체적으로 꼭 필요한 일입니다. 나는 좋아지는 것을 느끼기 위해 글을 써야 합니다. 그건 많은 사람들에게도 해당된다고 생각합니다. D. H. 로렌스는 글을 쓰는 동안에는 노이로제와 같은 질병을 떨쳐 버릴 수 있다고 했지요. 도서관에 왜 그렇게 많은 책들이 있는지는 그걸로 충분한 설명이 됩니다. 책을 한 권 쓰게 되면 계속 쓰게 됩니다. 글을 쓰는 동안에는 더 나아지는 것을 느끼기 때문입니다. 나는 부두에서는 은퇴할 수 있었지만 글쓰기에서는 결코 은퇴할 수 없을 것 같습니다. 다행히도 내 책은 모두 짧기 때문에 더더

욱 그렇지요."

최근 호퍼는 에세이집을 쓰고 있는데, 그 에세이들은 500자를 넘
긴 것이 한 편도 없다. 창조성과 장인 정신은 그 자체가 최고의 보상
이라고 믿고 있음에도 불구하고, 호퍼는 한 아포리즘에서 사회가 특
수한 노력에 대해 가치를 부여해 준다면 나이가 들어 감에 따라 창
조성이 쇠퇴하지는 않을 것이라고 제시한다.

"고대 그리스의 작가들은 여든, 아흔에도 계속 위대한 작품들을
내놓았습니다. 군국주의 사회에서 장군들은 끝까지 젊고 명석했지
요. 이 나라의 사업가나 전문직 종사자, 정치가들이 나이가 들어 감
에 따라 시들어 가는 일이 드문 것처럼 말입니다. 이 나라에서는 수
많은 수준급 소설가들이 마흔을 넘기면 쇠퇴한다는 사실은 미국이
소설가들에게는 최적의 환경이 아님을 시사해 주는 겁니다."

호퍼는 분노에 찬 어조로 말을 이었다.

"헤밍웨이를 봐요. 자신의 실존과 작품이 이 나라에 중요한 영향
을 미친다고 느꼈다면 스스로 자살할 생각을 할 수 있었을까요? 창
조적인 사람은 보살핌이 필요합니다. 어느 프랑스 작가는 자신이 작
품을 쓰고 있는 것을 알았을 때, 자기 동네의 정육점과 빵집 주인들
이 자신을 임신부처럼 대해 주었다고 말한 적이 있습니다. 나이 든
사람들도 보살펴 주어야 합니다. 글 한 줄 쓰지 않는다고 해도 창조
적인 사람으로 대해 주어야 합니다."

나이를 먹는다는 것

나이를 먹는 것이 득이 되는 그런 일이 있을까? 예를 들어 뛰어난 젊은 철학자 같은 그런 것이 있을까? 호퍼는 한탄을 했다.

"산타야나는 당신이 철학자라면 노년이 인생에서 가장 좋은 시기라고 말한 바 있지만, 나이를 먹을수록 좋아진다고 믿는다면 그건 자신을 속이는 것이라고 생각합니다. 생이란 서서히 쇠퇴하는 것입니다. 난 내 정신이 지금도 20년 전과 같다고는 생각하지 않습니다. 난 머릿속에서 여러 갈래의 복잡한 생각들을 동시에 할 수가 없어요. 내 기억력은 전만 못해요. 첫 저서인 『맹신자들』을 출판사에 보냈을 때 원고가 하나밖에 없었지요. 어떤 사람이 우송 중에 원고가 분실되지 않을까 불안하지 않으냐고 물었어요. 하지만 난 내 기억으로 그 책을 다시 쓸 수 있었습니다. 다 외우고 있었지요. 오늘날 나의 판단력은 더 나아졌지만 내 기억력은 그렇지 못합니다. 노인들은 뭐든 확실하게 하려면 정해진 절차가 필요하다고 생각해 왔지만 이젠 단지 잊어 먹지 않기 위해서 정해진 절차가 필요하다는 것을 알게 되었지요. 예를 들어 목욕을 할 때 난 항상 다른 걸 생각하거든요. 오래전에 정해진 절차를 마련해 두지 않았다면 겨드랑이나 발가락 사이를 씻었는지 어쨌는지 찜찜한 상태로 욕실에서 나왔을 거란 말입니다."

그러나 40대에 한 권, 50대에 한 권, 60대에 네 권, 70대에 한 권(지금까지)을 출판한 그의 저력이 쇠락하는 창조력에 대한 그의 비관을 반박한다. 또한 어떤 종류의 창조성 — 예를 들면 철학과 역사 기술에서 — 을 보여 주고 있으며, 수학이나 예술에서의 창조성에 비해 더 원숙한 나이에도 지속적으로 할 수 있는 몇몇 비교문화적 연구들도 있다. 그리고 어떤 직업은 문화와 관계없이 장수에 도움이 되는 것으로 여겨진다. 예를 들어 교향악을 지휘할 때 팔을 흔드는 것은 심장 근육에 좋은 영향을 미칠 것 같다.

호퍼는 이 의견에 반박했다.

"아, 아니에요. 그건 지휘자가 힘이 있기 때문입니다. 그들은 음악의 흐름을 좌우하는 힘과 오케스트라 전체를 움직이게 하는 힘이 있기 때문입니다. 힘은 노인들을 타락시키지 않고, 계속 나아가게 하지요. 그건 돈도 마찬가지인데, 늙으면 돈이 필요합니다. 젊은이를 타락시키는 바로 그것이 노인들이 젊어질 수 있게 해 주는 거지요."

그러나 왜 이 사회에서는 젊음을 지향하는 것일까? 왜 젊어 보이려 하고 젊게 행동하고 싶어 하는 것일까? 호퍼는 그 문제에 대해 놀라울 정도로 철학적이었다.

"젊음에 그처럼 지나치게 가치를 부여하는 한 가지 이유는, 우리가 이 지구 상에서 가장 야생적인 대륙에 살고 있기 때문이라고 생각합니다. 현실적으로 대부분이 인간이 살기에 적합하지 않은 곳이었는데도 생태학자들이 우리가 이 아름답고 섬세한 땅을 망치고 있다고 개탄하는 것을 들으면 웃을 수밖에 없습니다. 그 증거를 찾아

보려면 일간 신문을 읽는 것으로 충분합니다. 홍수와 토네이도, 페스트, 폭풍우……. 살아남기 위해 우리는 젊은이의 터프함이 필요합니다. 영국처럼 작고 오밀조밀한 나라에서는 결코 필요하지 않은 생존 방식이지요. 또한 미국은 19세기에는 엄청나게 경쟁적인 곳이었지요. 그것이 항상 앞 세대를 밟고 나아가는 젊은이에게 유리하게 작용한 것입니다."

호퍼는 급격한 사회적 변화가 화해 불가능한 세대 차를 야기했다고는 믿지 않았다.

"노인과 젊은이 사이에는 항상 심리적인 세대 차가 존재합니다. 물론 당연히 그래야 합니다. 그러나 사람들이 세대 차라고 부르는 것은 현실적으로는 어른들의 포기에 의해, 곧 기선을 제압당하고 용기에서 졌기 때문에 생기는 것입니다. 물론 젊은이들은 오늘날 우리의 머리를 겨눌 수 있는 무기를 갖고 있지요. 자기 자신의 파괴라는 무기 말입니다. 그래서 우리는 두렵기 때문에 그들에게 양보하는 것입니다."

호퍼는 1960년대의 청년운동 전체, 특히 히피족과 일탈에 대해 적대적이라고 공공연히 밝힌다. 그럼에도 매듭 장식의 식탁보와 양초 만들기, 식물 재배 세트는 일상적인 일에서 의미를 찾지 않는 것에 대한 호퍼의 혹평과 장인 정신으로 되돌아갈 필요성 등과 묘하게 잘 어울리는 것으로 보일 수도 있다.

호퍼는 이에 시인했다.

"아마 그럴 수도 있겠지요. 그러나 그건 맹목적인 모색일 뿐인 경우가 많습니다. 1960년대의 청년 문화에 대해 내가 싫어하는 점은 특히 마약으로 인해 젊은 생명을 비극적으로 낭비시켰다는 것입니다. 나는 때때로 대학의 교수진이 반문화를 부추겼다고 생각하곤 합니다. 왜냐하면 지위로 인해 생기는 경쟁을 제거하는 방식이었으니까요. 그리고 그 과정에서 무너진 것은 아주 명석한 이들이었지요. 느린 이들은 부지런히 일해서 어딘가에 도달해야 한다는 것을 언제나 알고 있었고, 그래서 그들은 휩쓸려 들어가지 않았습니다. 그러나 반짝반짝 빛나는 이들과 조숙한 이들이 가장 큰 피해를 입었지요. 나는 그 때문에 반문화 운동이 그렇게 많은 젊은 유대인들에게 타격을 주었다고 생각합니다. 일찍 성숙했으니까요. 한 줌의 소중한 '착실함'- 도구들, 유지-보수(Maintenance), 정확함에 대한 전통적인 미국적 애정 - 을 가진 이들만이 살아남을 테지요. 최근 한 출판사에서 『선불교와 모터사이클 유지-보수(Zen Buddhism and Motorcycle Maintenance)』라는 책을 보내왔더군요. 오랫동안 여기에 놓아두었다가 어느 날 저녁에 그 책을 집어 들었는데, 내려놓을 수가 없더군요. 아마 LSD에 미쳤던 아이가 쓴 것 같았는데, 그는 기계에 대한 애정을 갖고 있었고, 결국 그것이 그를 구한 것입니다."

한 줌의 소중한 착실함을 가진 사람들에 관해 이야기할 때 호퍼는 사람들이 십자가를 긋듯이 자신의 가슴에 착실함을 뜻하는 사각형을 그렸다. 그것은 그 자신이 살아온 세월에 바탕이 되었던 믿음의 일부였다. 호퍼가 말했다.

"난 탈산업 시대에 관해 생각해 오고 있는데, 산업화 이전의 시대로 되돌아가는 것이 아닌가 하는 생각이 듭니다. 그러면 손이 다시 원래의 위치로 돌아가게 되겠지요. 우리는 인간의 그 손에 의해 구원받을지도 모릅니다."

에릭 호퍼는 진실로 열정적인 사람이었다

—셰일러 K. 존슨

이 글은 에릭 호퍼와 짧지만 강렬한 인터뷰를 나누었던 셰일러 K. 존슨이 『길 위의 철학자』의 한국어판 발행을 축하하며 보내온 인터뷰 당시에 대한 회상의 글이다. 글의 전반에 보이는 그녀의 담담한 회상을 따라가 보자.

1970년대 초에 나는 UC버클리^UCB에서 인류학 박사학위를 받았고, 그때 남편 체일머스 존슨은 같은 학교의 정치과학부 교수였다. 남편은 중국과 일본의 정치를 가르치고 있었고, 혁명 이론에 대한 대학원 세미나도 담당하고 있었다. 1966년 출판된 그의 책 『Revolutionary Change』에서는 정치적 폭력에 대해 고찰한 레닌과 마오쩌둥, 한나 아렌트, 에릭 에릭슨 그리고 에릭 호퍼와 같은 많은 유명한 철학자의 이론을 다루고 있다. 남편은 세미나에서 호퍼의 『맹신자들』과 『변화의 시련 The Ordeal of Change』을 선정해 가르치고 있었다.

나는 그때까지 호퍼의 책을 몇 권 읽었지만, 인류학 학위를 받은 나는 그에 대해 조금 다른 면에서 관심이 있었다. 내 논문은 이동 주택 군락에 사는 백인의 고령 노동자 계급에 대한 것이었고, 또 나는 나이를 먹는다는 것의 의미를 고찰하는 노인학에 강한 흥미를 가지고 있었다. 나는 호퍼가 다양한 사회 문제에 대해 쓰고 있으면서도 미국에서의 노인 문제나 대학 캠퍼스에서 명백히 드러나는 세대 간의 긴장에 대해서는 언급하지 않았다는 사실에 관심이 갔다. 그즈음 호퍼는 선창가에서의 부두노동자 일을 그만두고 샌프란시스코에 살면서 글쓰기에 전념하고 있었다.

1972년경의 바로 그때 정치과학부 학장이자 정치 철학자였던 노먼 제이콥슨Norman Jacobson 씨가 호퍼에게 그 학부에서 강의를 맡아 줄 것을 부탁했다. 호퍼는 학부생을 위한 대형 강나나 세미나를 담당하는 것을 원하지 않았지만, 한 주에 한 번씩 캠퍼스에 와서 그와 대화를 원하는 학생들에게 개방된 근무 시간을 갖는 것에는 동의를 했다. 그 후 2년이 넘는 동안 그 학부의 다른 교수들도 그를 알게 되었다. 그중에서 특히 레오 로즈Leo Rose는 가끔 그를 저녁 식사에 초대하곤 했다.

인도의 정치를 강의하는 레오 로즈는 인도 카레의 훌륭한 요리사이기도 했다. 때때로 에릭 호퍼는 버클리 힐스에 있는 로즈 교수의 집에서 우리 그룹과 함께하곤 했는데, 우리는 거기서 식사를 하고, 와인을 마시고, 정치에 대한 이야기를 나누었다. 호퍼는 운전을 하지 않았고, 그래서 그는 항상 릴리 페이빌리라는 반백의 매력적인 50대 이탈리아 여성을 동반했다. 내 남편은 40세였고, 나는 35세였으며, 호퍼는 70대 초반이었다. 릴리는 부두노동자와 결혼한 적이 있었고, 호퍼와는 오래된 친구 사이였다. 그리고 호퍼는 그들의 아들 중 에릭이라고 하는 한 아이의 후견인이었다. 그때 릴리는 이혼 중이었고, 아무도 묻거나 언급하지 않았지만, 그녀와 그는 서로에게 빠져 있는 것이 분명했다.

호퍼는 정치와 사회 문제들에 대해 진실로 열정적이었다. 전통적인 대학 사회와는 인연이 없었던 그의 이야기는 솔직하고 강력했다. 또 사람들의 의견에 반박하고, 그들의 이야기를 중간에서 자르는 일도 많았다. 그러나 그의 마음은 항상 열중하고 있었다.

그는 내 남편과 논쟁하는 것을 즐겼고, 남편도 논박하는 것을 즐겼다. 그것은 지적인 테니스 게임을 보는 것 같았다. 어느 날 저녁에 호퍼는 남편이 제안한 어떤 관점에 대해 매우 흥분했다.

"아니야, 아니야, 체일머스!"

그는 소리쳤다. 그리고 한 손을 휘두르다 테이블 위에 놓여 있던 와인 잔을 전부 쓰러뜨리고 말았다. 로즈 교수는 재빨리 종이 타월을 가지고 와 닦아 냈다. 와인잔은 다시 채워지고 대화는 재개되었다. 그러나 얼마 후 호퍼는 논지를 명백히 하려 했고, 다시 손을 휘두르다가 와인 잔을 또 쓰러뜨렸다. 기억에 남는 파티였다.

로즈 교수의 집에서의 어느 날 저녁, 나는 호퍼의 옆에 앉아 그가 미국의 노인 문제에 대해 한 번도 쓴 적이 없다는 것과 그 문제에 대해 인터뷰를 하고 싶다는 말을 했다. 나는 그때 시간 강사뿐 아니라 프리랜서로 꽤 많은 양의 일을 하고 있었다. 호퍼는 다소 내키지 않아 했지만 나를 위해 한 시간을 내주기로 했다. 그리고 어디서 만날지 물어봤다.

"오, 간단해요. 당신의 아파트에서 인터뷰하고 싶어요. 나는 당신이 어디에서 어떻게 사는지 보고 싶어요."

인터뷰는 며칠 후 골든게이트웨이센터라고 불리는 기품 있는 그의 새 아파트에서 이루어졌다. 아파트에서는 그가 25년간 일했던 샌프란시스코의 선착장이 창 너머 보였다. 의심할 것도 없이 릴리가 아파트 구입을 도왔을 것이다. 그녀는 그 광경을 호퍼가 좋아할 것이라고 생각했을 것이다. 아파트는 매우 작았기 때문에 좁은 침대와 책상, 의자 외에 앉을 곳이 없었다. 호퍼는 나를 위해 그 의자에 앉으라고 권하고 자신은 앞뒤로 왔다 갔다 하면서 대답하겠다고 했다. 그는 한 시간이 훨씬 넘게 이야기를 했고, 그동안 나는 열심히 그의 말과 말하는 방식을 적어 두었다. 인터뷰는 1974년 7월 21일 일요판 『샌프란시스코 크로니클』에 실렸고, 그날은 호퍼의 72번째 생일을 맞기 4일 전이었다.

호퍼는 그 기사를 좋아했다. 한번은 내가 인용한 것이 마치 그가 말하고 있는 것 같다고 말했다고 노트해 둔 것을 보면, 나는 인터뷰가 발행된 후 적어도 한 번은 호퍼와 릴리를 만났던 것 같다. 릴리는 '그의 아파트에서 볼 수 있었던 릴리의 흔적은 재봉 바구니뿐이었다'는 나의 코멘트를 보고 웃으면서 "아니에요. 몇 개 더 있어요"라고 부드럽게 말했던 기억이 있다.

호퍼는 9년을 더 살았지만 정기적으로 버클리를 방문한 몇 년 후 우리는 그를 다시는 만나지 못했다. 나는 꽤 많은 사진이 실린 짧은 기사 형식의 그의 전기를 샀다. 그러나 그는 그의 작품이 그것 자체로 평가되는 것이 당연하다고 믿기 때문에 어떤 전기(또는 자서전)도 원하지 않는다고 말했다. 그는 "나는 적어도 몇 개의 좋은 문장을 썼다고 생각하고 싶습니다"라고 말했다.

그럼에도 불구하고, 내가 신문에서 호퍼의 부고를 읽었을 때, 나는 릴리 페이빌리에게 문상 편지를 보내면서 만약 그녀가 원한다면 이색다른 남자의 회상록이나 전기를 쓰는 것을 돕겠다고 제안했다. 그녀는 내 편지에 답신을 하지 않았고, 그래서 나는 호퍼가 자신의 젊은 시절에 대해 썼던 『길 위의 철학자*Truth Imagined*』의 출판을 지시한 것을 빼고 그녀가 호퍼의 희망을 존중했다고 생각했다.

어느 떠돌이 철학자의 삶

에릭 호퍼(Eric Hoffer, 1902~1983)는 미국에서 '독학한 부두노동자 – 철학자', '사회철학자', '프롤레타리아 철학자' 등으로 일컬어지며 1960년대부터 30년간 미국 사회에 큰 반향을 불러일으켰지만, 한국에서는 자서전 『에릭 호퍼, 길 위의 철학자』가 2003년 출간되면서 널리 알려지기 시작했다.

호퍼는 1902년 뉴욕시티의 브롱크스에서 태어나 7세 때 어머니가 사망한 이후 가정부의 손에 자라났다. 7세 때 갑자기 시력을 잃어 15세 때까지 실명 상태에 있었다. 시력을 회복한 후에는 다시 시력을 잃게 될지도 모른다는 위기감에 독서에 집착했다. 1920년 아버지가 사망하자 호퍼는 미국 서부의 해안 지역으로 이주해 레스토랑 웨이터 보조와 농장의 품삯 일꾼, 사금채취공 등을 전전하며

1941년까지 '길 위에서' 살아왔다. 1941년 태평양전쟁이 발발하자 군대를 지원했으나 신체상의 문제로 뜻을 이루지 못하고 샌프란시스코에서 부두노동자로 25년간 일했다.

천성적인 독서광이었던 호퍼는 떠돌이 노동자로 일하면서 캘리포니아의 도서관을 찾아다니며 독학을 했다. 이 시기인 1930년대는 인간과 세계에 대한 호퍼의 사상과 입장이 형성된 시기였다.

그는 1950년에 그의 평생 추종자이자 연락책 역할을 해 준 릴리 페이빌리를 만나 자신의 생각을 글과 책으로 세상에 알리게 되었다.

호퍼는 자신의 저서 11권 이외에도 잡지와 신문에 많은 글을 발표했다. 1939년 그는 『커먼 그라운드(Common Ground)』라는 잡지에 원고를 기고했지만 실리지 않았다. 그러나 편집장 마거릿 앤더슨 Margaret Anderson 여사가 그의 기고문을 하퍼앤로(Harper&Row)로 보내 주었고, 자서전을 써 보라고 했다. 호퍼는 거절했지만 그것을 계기로 앤더슨 여사와 관계가 지속되어 그의 첫 저서 『맹신자들』을 집필하는 데 물심양면의 도움을 받았다.

이 책의 발간으로 호퍼의 이름이 알려지자, 미국 전역의 잡지와 신문에 그의 글이 본격적으로 게재되기 시작했다. 발표된 글 중의 일부는 그의 저서 『우리 시대를 살아가며 *The Temper of Our Time*』, 『시작과 변화를 바라보며 *First Things, Last Things*』로 묶여 나왔다. 1968년 호퍼는 전국 200여 신문의 일요판에 동시 게재되는 신디케이트 칼럼 「리플렉션(Reflections)」, 「에릭 호퍼(Eric

Hoffer)」를 맡아, 이스라엘 문제와 흑인혁명, 학생 운동, 베트남전쟁 등 그 무렵에 사회적으로 쟁점이 되고 있었던 문제를 다루었다. 이 칼럼을 쓰면서 호퍼는 어떤 생각이든 그걸 표현하는 데는 200자 정도면 충분하다는 확신을 가졌다. 이런 확신은 그로 하여금 아포리즘 형식을 취하게 했고, 호퍼의 '짧은 글 정신'을 기려 캘리포니아 대학교의 버클리 캠퍼스에서는 교직원과 학생들을 대상으로 '호퍼-릴리 에세이상(Hoffer-Lili Essay Award: 500자 이내 에세이 공모, 최우수작 상금 500달러)'을 제정해 지금까지 운영하고 있다.

호퍼는 모두 11권의 저서를 저술했지만, 생전에 10권만 출간되었고, 11번째의 저서인 그의 자서전은 사후에 출간되었다. 호퍼는 1930년대를 회고하며 "왜 세계에서 가장 교육 수준이 높을 뿐 아니라, 최상의 재능을 부여받고 자유 의지가 충만한 독일 국민들이 히틀러라는 한 광신자의 손에 자신들의 운명을 맡겨야 했는지 결코 잊을 수가 없다"고 술회한 바 있다. 그에게 명성을 가져다준 그의 첫 저서 『맹신자들』은 이미 1930년대부터 호퍼가 천착해 온 사색의 결실로, 대중운동과 그 가담자들에 대한 분석의 고전으로 평가받고 있다.

"철학자들의 의도는 무엇이 옳은지를 사람들의 코 밑에 가져다 보여 주는 것"이라고 호퍼는 말했다. 그가 방송에 출연해 시대의 문제에 대해 열정적으로 자신의 생각을 펼치자, 곧 미국 전역에서는 호퍼 붐이 일었다.

1965년 샌프란시스코의 한 지방 방송을 통해 호퍼와의 인터뷰가 몇 차례 나간 뒤, CBS TV의 프로듀서 잭 벡Jack Beck과 뉴스맨 에릭 세버레이드Eric Sevareid가 1967년에 「에릭 호퍼: 열정적 정신의 상태(Eric Hoffer: The Passionate State of Mind)」라는 타이틀로 인터뷰를 했다. 거기서 호퍼는 미국의 베트남 정책과 이스라엘 문제, 흑인 혁명에서의 지도력 문제, 존슨 대통령의 성격, 학생 운동 등의 문제에 대해 자신의 생각을 열정적으로 토로했다.

그해 9월 인터뷰가 방영되자, CBS로 독자 편지가 쇄도하기 시작했고, 방송 후 며칠 안에 서점에서 호퍼의 책들이 바닥날 정도로 반향이 컸다. CBS는 11월에 재방영하기에 이르렀다. 그러나 방송은 호퍼가 글로써 얻은 명성에 비할 바가 못 되었다.

1978년 PBS에서도 「에릭 호퍼: 복잡 다단한 삶(Eric Hoffer: The Crowed Life)」이라는 타이틀로 인터뷰를 방영했다. 그 인터뷰 역시 호퍼에 대한 대중적 관심을 고조시켰고, 그 프로그램은 '시카고 필름 페스티벌' 등에서 상을 받기도 했다.

호퍼는 대중적 관심뿐 아니라 연구의 대상으로 주목받기도 했다. 1968년 캘빈 톰스킨스Calvin Tomskins는 『에릭 호퍼의 전기: 아메리칸 오디세이Eric Hoffer: An American Odyssey』(New York, Dutton)를 출간했고, 그리고 1973년 제임스 D. 코에너James D. Koerner는 『호퍼의 미국Hoffer's America』(LaSalle, Indiana, Library Press)을 출간했다.

호퍼의 삶의 여정을 기록한 이들 두 전기에 이어, 1983년 제임스 T. 베이커[James T. Baker]는 호퍼의 사상에서 주요 테마를 해석하고 검증한 『Eric Hoffer(Twayne's United States Author Series)』(Boston, Masschusetts, Twayne Publishers)를 출간했다.

현재 스탠퍼드 대학교의 후버연구소 기록보관소에는 호퍼의 친필 원고와 미발표 원고, 육성 기록물, 사진, 존슨 대통령에 의해 지명받은 '폭력 원인규명과 방지 국가위원회'에서의 작업 원고, 레이건 대통령으로부터 수상한 미국 대통령자유훈장(the Presidential Medal of Freedom), 『맹신자들』을 저술할 때 사용했던 긴 나무 의자를 비롯한 개인 용품, 호퍼가 연구 대상으로 삼았던 작가들과 그들의 사상을 메모한 노트 등이 보관되어 있다. 이들 유품들은 릴리 페이빌리가 생전에 호퍼를 설득해 보관해 온 초고와 서류 그리고 그의 사후 그녀가 수집한 것들로, 2000년에 연구소에 기증되었다.

■ 에릭 호퍼의 일생

1902년 7월 25일 뉴욕시티의 브롱크스에서 독일계 이주자인 가구 제조공의 아들로 태어나다.

1909년 어머니 사망. 갑자기 시력을 잃어 15세 때까지 실명 상태에 놓이다.

1920년 아버지 사망. 생업을 위해 로스앤젤레스로 이주해 이후 10년간 오렌지 행상, 식당 보조 웨이터, 야적장 인부 등 여러 직업을 전전하다.

1930년 자살을 시도했지만 미수에 그치고, 이를 기회로 세인트루이스를 떠나 캘리포니아 주 각지를 떠돌며 과일 수확 인부, 사금채취공 등 떠돌이 노동자로 생활하다.

1936년 프랑스 계몽철학자 몽테뉴의 『수상록』을 탐독하다.

1939년 처음으로 『커먼 그라운드』지에서 그의 첫 기고문을 퇴짜놓다. 이때 편집장 마거릿 앤더슨 여사가 그의 글을 뉴욕의 하퍼앤로사로 보내며 그에게 전기를 쓰도록 권유했으나 호퍼가 거절하다.

1941년 샌프란시스코에 정착해 부두노동자가 되다.

1950년 릴리 페이빌리를 만나다.

1951년 『The True Believer』를 출간하다.

1952년 겨울에 『하퍼 매거진(Harper's Magazine)』에 「괄시받는 이들의 역할(The Role of the Undesirables)」을 기고하다.

1955년 『The Passionate State of Mind』 출간.

1963년 『The Ordeal of Change』 출간.

1964년 캘리포니아 대학교 버클리 캠퍼스에서 정치학을 강의하다(1972년까지).

1967년 『The Temper of Our Time』 출간. 부두노동자 일을 그만두고 집필에 전념하다.

CBS TV에서 「Eric Hoffer: The Passionate State of Mind」라는 제목의 인터뷰 대담 프로그램을 방영, 미국 전역에 호퍼 붐을 일으키다. 이 프로그램에서 호퍼는 베트남전쟁에서의 미국 정책, 이스라엘 문제, 흑인혁명에서의 지도력 실패 등 현대 사회의 전반에 관한 폭넓은 견해를 피력함으로써 방송 후 호퍼 저서에 대중의 관심이 고조되다.

1968년 일요일에 전국 200여 개 신문에 동시에 실리는 신디케이트 칼럼 「리플렉션(Reflection)」을 쓰기 시작하다.
캘빈 톰스킨스, 『Erick Hoffer: An American Odyssey』 출간.

1969년 『Working and Thinking on the Waterfront』 출간.

1971년 『First Things, Last Things』 출간.

1973년 『Reflections on the Human Condition』 출간.
제임스 D. 코에너, 호퍼의 전기 『Hoffer's America』 출간.

1974년 셰일러 K. 존슨과의 인터뷰가 『샌프란시스코 크로니클(San Francisco Chronicle』 지에 게재되다.

1976년 『In Our Time』 출간.

1978년 PBC에서 『Eric Hoffer: The Crowded Life』라는 대담 형식의 인터뷰를 방영해 큰 반향을 불러일으켰고, 이 프로는 시카고 필름페스티벌상을 포함해 몇 개의 상을 수상했다.

1979년 『Before the Sabbath』 출간.

1982년 『Between the Devil and the Dragon』 출간.
제임스 T. 베이커, 호퍼의 전기 『Eric Hoffer(Twayne's United States Author Series)』 출간.

1983년 5월 20일 81세 일기로 사망.
미국 대통령자유훈장(the Presidential Medal of Freedom) 수상.
자서전 『Truth Imagined』 출간.

■ 맹신자들(The True Believer : Thoughts on the Nature of Mass Movement, 1951년)
나치를 위시한 모든 대중 운동의 본질을 다룬 '좌절한 이들의 심리학'. 그 무렵 미국 학계에서
주류를 이루던 정신분석 패러다임에서 벗어난 사회 철학의 고전으로 평가받고 있다.

■ 영혼의 연금술(The Passionate State of Mind, 1955년)
인간의 유일무이성과 인간의 역사에서 적응 불능자가 하는 역할 등 그의 일생에 걸쳐 사색해
온 많은 주제들을 다룬 아포리즘 모음집.

■ 변화의 시련(The Ordeal of Change, 1963년)
급격한 변화 속에서 겪는 시련이 대중 운동의 참여나 파괴 행위 등 개인들의 극단적 태도를
산출해 낸다는 호퍼의 분석이 좀더 심화된 저서. 호퍼의 주저로 평가하는 이들도 있다.

■ 우리 시대를 살아가며(The Temper of Our Time, 1967년)
호퍼가 현대 사회의 중심 문제로 본 '급격한 변화'를 주제로 발표한 잡지 기고문 모음. 오토메
이션의 대두와 흑인혁명 문제, 자연으로의 복귀 운동 등의 문제를 다루고 있다.

■ 부두에서 일하며 사색하며(Working and Thinking on the Waterfront, 1969년)
그의 세 번째 저서 『변화의 시련(The Ordeal of Change)』을 구상하던 1959년에 쓴 일기
(journal). 수년 후 서류 더미에서 발견된 이 일기는 당시 부두노동자의 생활과 그의 초기의
사색 과정을 담고 있다.

■ 시작과 변화를 바라보며(First Things, Last Things, 1971년)
인간을 성장시킨 역사 초기의 도시와 범죄와 광기로 몰락해 가는 현대 도시를 조명하고 있다.
도시는 자연의 파괴력으로부터 인간을 보호해 주지만 인간 내면에 잠재한 파괴적인 성격으로
부터 인간을 보호해 주지 못한다고 역설하고 있다. 그럼에도 인류에게 도시는 자연의 집이라
고 말한다.

■ 인간의 조건(Reflections on the Human Condition, 1973년)
『영혼의 연금술(The Passionate State of Mind)』과 비슷한 형식으로 인간의 불가사의한
본질과 그 현상을 다루고 있다.

■ 우리 시대(In Our Time, 1976년)

어떤 생각이든 200자 이내로 표현할 수 있다는 확신을 가지고 노동의 지겨움과 중산층, 역사에서의 상인의 역할, 흑인 문제 등 다양한 주제를 다루었다.

■ 안식일 전에(Before the Sabbath, 1979년)

호퍼의 또 다른 일기. 시간이 지나면 분실될지도 모른다는 우려에서 출판한 책으로, 이 시대의 사회적 위기에 대한 여러 원인들을 규명하는 호퍼의 사색 과정을 엿볼 수 있다.

■ 악과 드래곤 사이(Between the Devil and the Dragon, 1982년)

이미 출판된 저서에서 호퍼의 대표적인 생각을 골라 수록했다. 몇몇 에세이들은 개작하여 수록했고, 『맹신자들(The True Believer)』의 원문도 함께 수록했다.

■ 길 위의 철학자(Truth Imagined, 1983년)

호퍼의 자서전. 생전에 소설을 썼으면 좋았을 것이라는 이야기를 들었을 정도로 탁월한 이야기꾼으로서의 역량을 엿볼 수 있다.

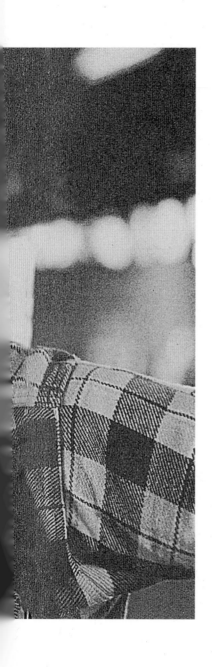

옮긴이 **방대수**

강원도 태백에서 태어나 서울대학교 국어국문학과와 동 대학원을 졸업하고 경향신문, 문화일보, 평화방송에서 기자 생활을 했다. 기자 생활을 그만두고는 역사기행 등 다양한 문화활동과 글쓰기에 많은 시간을 보내고 있다. 옮긴 책으로 에릭 호퍼의 『길 위의 철학자』, 『사람은 무엇으로 사는가1, 2』, 『위대한 개츠비』, 『날씨가 바꾼 전쟁의 역사』 등이 있다.

길 위의 철학자

개정판 1쇄 인쇄 | 2014년 2월 26일
개정판 1쇄 발행 | 2014년 2월 28일

지은이 | 에릭 호퍼
옮긴이 | 방대수
펴낸이 | 황보태수
기획 | 박금희
마케팅 | 박건원
디자인 | 여상우
교열 | 양은희
인쇄 | 한영문화사
제본 | 일광문화사

펴낸곳 | 이다미디어
주소 | 서울시 마포구 양화진 4길 6번지(합정동 378-34, 2층)
전화 | (02) 3142-9612, 9623
팩스 | (02) 3142-9629
이메일 | idamedia77@hanmail.net

ISBN 978-89-94597-21-8 03190